© 2025 Sebastián Sann. Tous droits réservés.

Aucune partie de cette publication ne peut être reproduite, stockée ou transmise sous quelque forme que ce soit, par quelque moyen que ce soit, électronique, mécanique, photocopie, enregistrement, numérisation ou autre, sans l'autorisation écrite préalable de l'auteur, à l'exception de brèves citations utilisées à des fins de critique, de résumé ou de commentaire, conformément à la loi.

Ce livre est protégé par les lois internationales sur le droit d'auteur. Le contenu, les idées et les expressions qui y figurent appartiennent exclusivement à leur auteur. Toute utilisation non autorisée, reproduction partielle ou totale, ou distribution du contenu sera considérée comme une violation des droits de propriété intellectuelle.

Pour les autorisations spéciales, les collaborations, les traductions ou les licences commerciales, veuillez contacter :

interno@conscienciadisruptiva.com

# CONNAÎTRE
# LA SEULE
# VÉRITÉ

SEBASTIAN SANN

### *Avertissement*

*La Seule Vérité n'est pas une religion. La vérité est une expérience qui est restée enfouie pendant des années de peur.*

*La vérité est quelque chose que nous pouvons tous vivre lorsque nous la revendiquons comme notre droit divin. Grâce à ce livre, beaucoup de gens se sont souvenus de leur pouvoir.*

**Gloire à Dieu au plus haut des cieux.**

*Pour ceux qui ne croient encore en rien,
mais qui lisent ceci.*

# TABLE DES MATIÈRES

TABLE DES MATIÈRES..................................................................7
COMMENT LIRE CE LIVRE.........................................................11
INTRODUCTION...........................................................................15

**CHAPITRE 1**
JOUER DANS LA MATRICE........................................................19
    LA VRAIE VÉRITÉ................................................................... 20
        ÉTAPE 1 : DÉTRUIRE LE PERSONNAGE............................ 22
        STOP 2 : L'ART DU DÉTACHEMENT................................... 29
        ÉTAPE 3 : CRÉER LE PERSONNAGE....................................34
        STOP 4 : LE SEUL BUT DE L'ÊTRE HUMAIN ......................42
        ÉTAPE 5 : L'ACTION INSPIRE LA FOI ..................................77
        ÉTAPE 6 : LES PRINCIPES ÉLEVÉS
        DE LA MANIFESTATION ........................................................82
        ÉTAPE 7 : ÉLEVER LE NIVEAU DE CONSCIENCE ................90
        ÉTAPE 8 : ACQUÉRIR LE SEUL BUT NÉCESSAIRE................95
        STOP 9 : VIVRE EN ALIGNEMENT ABSOLU ........................99

**CHAPITRE 2**
DÉCOUVRIR LA MATRICE.......................................................107

PARTIE 1 : IL EST TEMPS DE SE RÉVEILLER ..................... 109
   LE CONTRÔLE DE L'HUMANITÉ ................................................. 110
   C'EST COMME ÇA QU'ILS GAGNENT DE L'ARGENT ............ 114
   LES 4 FAÇONS DE CHOISIR : LA PEUR OU L'AMOUR ........... 118
   DES ÊTRES ILLIMITÉS JOUANT
   UNE EXPÉRIENCE LIMITÉE .......................................................... 121
   L'HOMME QUI A GUÉRI 16 PATIENTS ATTEINTS DE CANCER
   GRÂCE AUX FRÉQUENCES ET AUX VIBRATIONS ................. 124
   CE N'EST PAS LA PILULE QUI VOUS GUÉRIT,
   C'EST VOTRE PERCEPTION ......................................................... 131
   LE BUSINESS DE VOUS GARDER MALADE .............................. 137
   LA MALADIE EST UNE ILLUSION ............................................... 143
   DÉBLOQUEZ VOTRE CAPACITÉ INNÉE DE GUÉRISON ..... 147

PARTIE 2 : ALLUMER LA LAMPE EN SECRET ..................... 151
   PREUVES IRRÉFUTABLES SUR QUI NOUS SOMMES ........... 152
   LES ANCÊTRES DE L'HUMANITÉ ENTIÈRE ........................... 157
   NOUS SOMMES DÉJÀ EN TRAIN
   DE RÉÉCRIRE L'HISTOIRE .......................................................... 161
   LA FEMME DE PRÈS DE 8 MÈTRES DE HAUT ....................... 162
   LES GÉANTS COVIVENT AVEC NOUS
   (INFORMATION CENSURÉE) ...................................................... 163
   ADIEU MYSTÈRE UFOLOGIQUE ............................................... 166
   LA TECHNOLOGIE NON HUMAINE EST UN MIROIR
   POUR L'HUMANITÉ ENDORMIE ................................................ 167
   LA TECHNOLOGIE ANTIGRAVITÉ ............................................. 168
   DES EXTRATERRESTRES DANS LE LAC LE PLUS
   PROFOND DE LA TERRE ............................................................. 173
   PHOTOGRAPHIES CLAIRES D'OSNIS SORTANT
   DE L'EAU QUI ONT ÉTÉ CENSURÉES ...................................... 176
   DIEU, LE DIVIN ET L'EXTRATERRESTRE SONT LIÉS .......... 181
   LA VÉRITÉ N'EST PAS À L'EXTÉRIEUR ..................................... 185

# CHAPITRE 3
TRANSCENDER LA MATRICE ............................................................. 189
    L'UNION ABSOLUE ..................................................................... 190
    LES LIMITES DE NOS SENS......................................................... 190
    LE PARADOXE DE LA RÉALITÉ ................................................. 191
    LA PARTIE CONTIENT LE TOUT .............................................. 192
    LA MUSIQUE DES ÉTOILES........................................................ 193
    DÉBLOQUER UNE MENTALITÉ INFINI ................................. 195
    CO-CRÉER L'EXPÉRIENCE......................................................... 195
    VOUS AVEZ ÉCRIT CE LIVRE ..................................................... 196
    TOUT CE QUE VOUS VOYEZ DÉPEND DE VOUS .................. 196
    NE PAS TOUT SAVOIR, C'EST TOUT SE SOUVENIR ............. 197
    LES OMBRES DE LA RÉALITÉ ................................................... 198
    LA VÉRITÉ EST DÉJÀ EN VOUS ................................................ 203
    LA VÉRITÉ DE DIEU.................................................................... 203
    RIEN N'EST LE FRUIT DU HASARD ........................................ 204
    LE MONDE A ÉTÉ CRÉÉ À PARTIR DE LA VIBRATION ...... 206
    QUI EST DIEU ET OÙ EST-IL ? .................................................. 235
    LE MONDE DE DIEU EST LE SEUL RÉEL................................ 237
    JE SUIS DIEU, VOUS ÊTES DIEU................................................ 238

LA VÉRITÉ FINALE............................................................................... 243
NOUS NE SOMMES PAS SÉPARÉS...................................................... 245
LE CHEMIN NE S'ARRÊTE PAS ICI .................................................... 251
AUTRES LIVRES DE L'AUTEUR ...........................................................253
MATÉRIEL COMPLÉMENTAIRE POUR VOTRE DÉVELOPPEMENT.............................................................................255

# COMMENT LIRE CE LIVRE

Il existe des millions de livres, des millions de formes, des millions d'expériences et des millions d'informations. Mais rien de tout cela ne se transforme s'il n'y a pas de contexte clair pour soutenir le contenu. Toute action sans intention ni objectif précis ne mène qu'à la perte.

Lire ce livre n'est pas un acte inconscient ou fortuit. Il ne suffit pas de le feuilleter. Si votre engagement dépasse la curiosité et l'ego, je vais vous dire exactement comment le lire. À partir de là, votre expérience dépendra entièrement de vous.

**Connaissez la seule vérité** se compose de trois parties essentielles, organisées en chapitres et sous-chapitres :

1. *Jouer dans la Matrice* (l'éveil du Soi et le but)
2. *Découvrir la Matrice* (la reconnaissance du système et de ses rouages)
3. *Transcender la Matrice* (la fusion avec la Vérité éternelle)

L'ordre ne doit pas être modifié. Ce n'est pas un livre à lire de bout en bout, ni à feuilleter au hasard. Connaître la vérité est un processus de déprogrammation progressive, qui enlève couche après couche ce qui recouvre votre véritable Être. Sauter une section non seulement interrompra ce processus, mais pourra également le perturber.

Comme il s'agit d'un livre introspectif, vous devez être en introspection pendant que vous le lisez afin de vous mettre en phase avec l'énergie qu'il contient. Je vous recommande de le lire avec une musique à haute fréquence en fond sonore. Voici quelques options que vous pouvez trouver sur YouTube ou Spotify :

- Musique celtique
- Bols tibétains
- Handpan
- Musique avec mantras
- Orchestre des 300 violons
- Orchestres en général
- Fréquences Solfeggio
- Sons de la Terre Mère
- Musique cérémonielle (ayahuasca, médecine ancestrale)
- Musique chrétienne

De plus, établissez une pratique clé : **détermination et engagement absolu envers votre temps de lecture**. Choisissez une durée spécifique et respectez-la. Ni plus, ni moins. Cela entraînera votre esprit à la concentration et à la responsabilité.

**Connaissez la seule vérité** ne se lit pas d'une traite. Ce n'est pas un livre à terminer en une journée. Emportez-le avec vous aussi longtemps que nécessaire. Ma recommandation : une période d'au moins 30 jours de lecture lente et réfléchie, en soulignant, en relisant et en laissant les informations vous imprégner.

Les informations contenues dans ce livre doivent être partagées immédiatement. Cela signifie qu'une fois votre lecture terminée, vous passerez en **mode « Donner »**. Ce n'est que lorsque nous partageons ce que nous apprenons que nous l'étendons à nous-mêmes. Vous pouvez le faire en enregistrant une vidéo de réflexion, en prenant une photo d'une page qui vous a marqué et en la commentant, ou en envoyant un message à un proche sur ce que vous avez lu. Le canal n'a pas d'importance. Ce qui compte, c'est l'action. Les informations qui ne sont pas partagées stagnent, et comme l'eau stagnante, elles pourrissent.

Ce livre est également complété par ses **Commandements**, une philosophie de vie pratique qui vous aide à vivre la vérité au quotidien. Ce document est fourni séparément et doit être utilisé de la manière suivante :

- **Avant de lire le livre.** Notez vos réflexions sur chaque commandement.

- **Une fois la lecture terminée.** Réécrivez vos réflexions et comparez-les avec les premières.

- **Chaque jour.** Choisissez un commandement qui correspond à votre situation actuelle et programmez un rappel sur votre téléphone pour le lire toutes les heures. Maintenez cette pratique pendant au moins 30 jours.

Que notre voyage vers la découverte de soi commence.

## SCANNEZ ET TÉLÉCHARGEZ

## LES COMMANDEMENTS DE LA VÉRITÉ

Code permettant de débloquer la ressource : **222**

(vous en aurez besoin après avoir créé votre compte)

# INTRODUCTION

La recherche de la vérité semble être une inclination naturelle chez les êtres humains. La trouver, en revanche, est un privilège réservé à quelques-uns. Lorsque j'ai écrit cet ouvrage il y a quelques années, mon objectif était d'inviter à cesser de chercher des réponses uniquement dans le monde extérieur, afin de commencer à vivre une existence plus sereine, où la paix et l'amour régneraient chaque jour dans nos cœurs.

*Connaître la seule vérité* s'est transformé, tout comme ma propre vie. Dans cette nouvelle édition, l'ordre, les mots et, surtout, l'intention ont changé. Auparavant, le but était d'éveiller le monde. Aujourd'hui, bien que cet objectif demeure, le but est également d'ôter le bandeau qui couvre nos yeux afin de voir au-delà de l'évidence et, surtout, d'éveiller le monde intérieur : le seul espace à partir duquel il est possible de voir un véritable changement à l'extérieur.

Au fil de mes expériences, j'ai appris à reconnaître certaines lois, certains schémas, certaines croyances et certaines actions qui nous permettent d'aller au-delà de ce que nous percevons avec les yeux de l'ego. J'ai découvert comment faire en sorte que la vie conspire en notre faveur et nous offre ce que nous désirons. Et j'ai également découvert quelque chose de libérateur : tout ce que je vois, je l'ai créé moi-même. Cela inclut ce que nous appelons la « matrice » ou le « système ». Cela peut sembler mystique, mais ce n'est pas le cas.

Mon intention avec ce livre est de vous faire comprendre que vous n'avez jamais été séparé de la vérité, même si pour y parvenir, nous devons nous plonger dans des concepts que l'esprit rationnel ne parvient pas toujours à saisir.

Pendant trop longtemps, nous avons écouté la voix de l'ego qui nous murmure qu'il y a « là-bas » quelqu'un qui contrôle tout. Mais le moment est venu de consacrer du temps à la vérité. Sur ce plan terrestre, il n'y a que deux chemins possibles : se laisser dominer par l'ego (associé au diable, à la négativité) ou permettre à Dieu — la Divinité, la conscience supérieure, la positivité — de nous guider.

Dans la version précédente de ce livre, je mentionnais qu'il existait de nombreuses vérités. Et c'est vrai, il y en a. Mais aucune d'entre elles n'est la seule. Aujourd'hui, ce texte cherche à imprégner le lecteur de cette Vérité qui n'admet aucune ambiguïté.

Le doute, l'incertitude et la méfiance ne font que nous faire dériver, sans but, surtout lorsque l'adversité frappe à la porte. À chaque page de ce livre, vous reviendrez à l'unique endroit où vous avez toujours été : ici et maintenant.

Nous aborderons des concepts profonds et spirituels, mais aussi des aspects pratiques et mondains. Vous découvrirez que le monde extérieur et le monde intérieur se complètent intimement lorsqu'il s'agit de construire une vie de joie ou de souffrance. Et que les êtres humains disposent d'un super-pouvoir, presque toujours mal utilisé : la décision.

*Connaissez la seule vérité* vise à vous aider à reconnaître ce qui a toujours été en vous : ce pouvoir inné que nous avons préféré ignorer ou que nous avons détourné vers des fins étrangères à notre véritable essence. L'heure est venue de donner la priorité à l'amour avant tout. L'heure est venue de se rappeler que nous ne faisons qu'un.

Avant de continuer, je vous invite à prendre une grande respiration et à abandonner toute attente : envers moi, envers ce livre ou envers l' u la vérité elle-même. En lisant la première partie, vous comprendrez la différence profonde entre placer des attentes en quelque chose et semer l'intention. La plupart des gens placent leurs illusions dans l'extérieur, et cela n'apporte que de la douleur.

La première étape consistera à retirer le voile qui existe entre vous et la réalité. Nous ne le ferons pas d'un seul coup, car arracher un bandeau qui est resté en place si longtemps peut être douloureux et aveuglant. Nous commencerons à utiliser l'ego — cette voix intérieure, bavarde et limitante — à notre avantage plutôt qu'à notre détriment. Vous découvrirez comment il a silencieusement régné sur vos journées et comment vous pouvez le transformer en allié pour créer une nouvelle vie et une nouvelle réalité.

Lorsque nous ferons enfin le grand saut et que le bandeau tombera en grande partie, nous pourrons avancer. Si nous le faisions avant, l'esprit serait à nouveau envahi par le doute et la confusion, renforçant encore davantage le voile qui recouvre ce monde qui, pour la plupart des gens, semble être « la réalité ». Vous comprendrez alors pourquoi ce n'est pas le cas, et pourquoi y croire vous a empêché de vivre à la hauteur de votre véritable potentiel.

Lorsque vous regarderez la vie sans le voile qui recouvre aujourd'hui votre réalité, vous commencerez non seulement à comprendre, mais aussi à saisir et à appréhender. La compréhension relève du raisonnement ; l', en revanche, implique un sentiment profond qui révèle que la vérité a toujours fait partie de vous.

À ce stade, votre ego commencera à assembler les pièces du puzzle, à ressentir, à réfléchir et à remettre en question ce que vous considériez comme réel depuis votre naissance. C'est la partie la plus pragmatique du livre, et peut-être la plus difficile pour certains. Cependant, en la contemplant sans le bandeau que vous portiez auparavant, elle s'avérera libératrice et profondément transformatrice.

Au fur et à mesure que nous avancerons dans ce voyage, les limites commenceront à s'estomper et les barrières tomberont une à une, comme des dominos.

Avec cet ouvrage que vous tenez entre vos mains, je vous invite à l'honorer, à le respecter et à le traiter comme ce qu'il est réellement : une extension de vous-même. Ce que vous allez lire, ressentir et expérimenter vous appartient, et c'est dans cette reconnaissance que commence le chemin vers la Seule Vérité.

CHAPITRE 1

# JOUER DANS LA MATRICE

## LA VRAIE VÉRITÉ

*« Avez-vous déjà eu le sentiment de connaître
la vérité, mais de ne pas pouvoir la vivre ?*

*La matrice n'est pas numérique, elle est émotionnelle.* Établir les bases de la vérité est ce qui nous permettra de soutenir un contenu puissant. Les êtres humains jouent un jeu dual. Le problème est que beaucoup ne savent même pas qu'ils sont dans un jeu, et d'autres y jouent sans en connaître les règles. Certains se prennent pour de grands maîtres, mais se fâchent contre les autres. D'autres prétendent être de grands élèves, mais s'énervent lorsqu'on les corrige.

La dualité est le contraire de ce qu'on nous a enseigné : ce n'est pas la séparation, c'est l'union. Nous la divisons uniquement pour pouvoir l'expliquer avec des mots, mais en y regardant de plus près, on se rend compte qu'il ne s'agit pas de deux choses distinctes, mais d'une seule vue sous deux angles différents. La lumière et l'ombre, la vie et la mort, le plaisir et la douleur... tout fait partie du même battement de cœur.

Pensez-y ainsi : pour pouvoir lire ce livre, vous deviez auparavant ne pas le lire. Si vous le lisiez sans être conscient de ce que vous n'aviez pas lu auparavant, vous ne pourriez pas le percevoir. Cela semble paradoxal, mais c'est précisément ce paradoxe qui révèle une vérité plus profonde : tout se produit en même temps, même si nous ne percevons qu'une partie microscopique du Tout.

Ce que vous appelez « votre réalité » n'est que l'écho de ce que votre perception limitée peut supporter sans s'effondrer. Ce bandeau que vous portez ne vous a pas permis de voir les choses telles qu'elles sont, mais son existence même implique qu'il y a eu un instant, même fugace, où vous ne le portiez pas. Ce souvenir caché dans votre âme est ce qui vous a amené ici.

Lorsqu'une personne cesse de vivre esclave d'une seule polarité et comprend que chaque face de la médaille contient l'autre, ses limites commencent à s'effondrer une à une. Comprendre le monde dans lequel vous vous trouvez n'est pas facultatif : c'est la première étape réelle pour choisir quelque chose de différent et, par conséquent, vous déprogrammer.

Réfléchissez un instant : et si le système qui vous contrôle était celui que vous avez vous-même programmé sans vous en rendre compte ? Ce n'est pas seulement une question provocatrice. C'est une invitation directe à l , à commencer à désactiver le pilote automatique. Ce système de pensée qui guide absolument tout dans votre vie et qui le fait sans que vous vous en rendiez compte.

Nous allons procéder étape par étape pour éliminer les croyances qui vous empêchent aujourd'hui d'être vous-même. Elles sont comme des pierres qui pèsent sur votre âme, et il est urgent de vous en débarrasser. À la fin du livre, il n'en restera plus aucune. Mais pour l'instant, il y a du travail à faire.

Nous avons tendance à croire que nous devons ajouter des choses à notre vie : plus d'objets, plus d'activités, plus de connaissances, plus de validations. Cependant, le paradoxe est que se souvenir de qui vous êtes n'est pas une question d'accumulation, mais de lâcher prise.

L'un des secrets les plus profonds que vous pouvez intégrer dès maintenant est que vous n'êtes pas venu pour vous attacher, mais pour vous libérer. Vous n'êtes pas ici pour accumuler, mais pour lâcher prise. Le véritable travail dans ce jeu est le détachement. Cela ne signifie pas que vous n'allez pas « avoir » de choses (comme vous le verrez plus loin, vous êtes venu pour gérer, pas pour posséder), mais vous devrez développer suffisamment de perspicacité pour que les choses que vous possédez ne vous possèdent pas.

Et non, cela ne fait pas partie d'un nouveau courant qui prétend que rien n'a d'importance. Au contraire : cela fait partie d'un cheminement authentique et , où vous reconnaissez vos attachements, mais comprenez que vous êtes bien plus que cela.

Ce livre n'a pas été écrit pour améliorer votre personnalité. Il a été écrit pour la détruire. Et c'est exactement ce que nous allons faire en premier lieu dans ce voyage.

## ÉTAPE 1 : DÉTRUIRE LE PERSONNAGE

*« La partie de vous qui tremble de peur doit subir une sorte de crucifixion afin que la partie de vous qui mérite un plus grand honneur passe par une sorte de réincarnation. »*

Dans de nombreux cirques à travers le monde, les éléphants adultes restent attachés à un simple piquet enfoncé dans le sol. Pas de chaînes lourdes ni de cages en acier. Juste une fine corde, à peine tendue, que n'importe qui penserait pouvoir rompre facilement. Mais ils ne le font pas. Ils ne s'échappent pas. Ils n'essaient même pas. Que se passe-t-il ?

La réponse se trouve dans le passé.

Quand ces éléphants étaient petits, on les attachait avec cette même corde. À l'époque, ils n'avaient pas assez de force pour se libérer, même s'ils essayaient de toutes leurs forces. Jour après jour, ils luttaient contre cette limite… jusqu'à ce qu' , après de nombreuses tentatives infructueuses, ils aient tout simplement cessé d'essayer.

Petits et inconscients, ils ont acquis la conviction qu'il était impossible de s'échapper.

Avec le temps, leur corps a grandi, mais leur croyance n'a pas changé. Ainsi, lorsqu'ils ont été assez forts pour se libérer sans effort, ils ne l'ont pas fait. Ils n'essayaient plus parce qu'ils restaient convaincus que c'était inutile. La corde ne les attachait plus… ce qui les maintenait prisonniers, c'était leur esprit.

> *« Ce que vous avez semé dans le passé, vous le récoltez dans le présent. Ce que vous semez dans le présent, vous le récolterez dans le futur. »*

Beaucoup pensent que s'éveiller consiste à accumuler des phrases inspirantes, à méditer ou à manger sainement. Mais le véritable éveil commence lorsque nous sommes confrontés à ce que nous ne voulons pas voir en nous-mêmes. C'est précisément dans notre partie la plus sombre, dans nos peurs, que se trouve le plus grand potentiel de croissance.

Ce que l'on appelle « l'ombre » — ou, en psychologie, « l'inconscient » — renferme nos secrets les plus profonds, mais aussi notre plus grand pouvoir caché.

Pendant un certain temps, j'ai réalisé une série sur Instagram intitulée « *Les faux spirituels* ». Je répondais aux commentaires par des réflexions directes, dans le but de montrer les mécanismes inconscients que beaucoup défendent comme s'ils étaient la vérité. Ce qui était curieux, c'est que la plupart des gens s'offusquaient instantanément. Non pas parce que mes propos étaient violents, mais parce qu'ils touchaient une partie de leur personnalité qu'ils n'étaient pas prêts à abandonner.

Cette série m'a appris deux choses :

1. Les réponses n'étaient pas pour eux, elles étaient pour moi.
2. Les réponses n'étaient pas destinées à tout le monde, mais à ceux qui osaient regarder au-delà de leur ego.

Depuis lors, j'ai compris quelque chose que je vais dire sans détour : peu m'importe qui vous pensez être. Vous allez laisser cela derrière vous dès maintenant.

Car je sais ce que vous désirez vraiment. Vous voulez la vérité, mais aussi une vie plus épanouie. Peut-être fonder une famille, améliorer votre relation, gagner plus d'argent ou apprendre à profiter de ce que vous avez sans culpabilité. Peut-être voulez-vous arrêter de survivre et commencer à vivre. Peu importe les détails. Ce qui importe, c'est que vous ne trouverez pas ce que vous cherchez en restant celui que vous avez été jusqu'à présent.

Et vous n'êtes pas seul. À un moment donné, nous avons tous joué le même jeu. Nous avons cru que le personnage était réel. Nous nous sommes identifiés à ce que nous avons, à ce que nous pensons, à ce qui nous a fait souffrir, à ce que nous avons mal fait. Et à partir de là, nous avons construit une identité limitée.

Le problème n'est pas qu'elle soit fausse. Le problème est qu'elle est incomplète. Et l'incomplet, lorsqu'il est défendu comme vérité, devient une prison.

Ce personnage est formé de croyances inconscientes, de schémas hérités, d'idées empruntées et de douleurs non résolues. Il vit prisonnier de ce que j'appelle le *côté inactif* : le côté de la douleur, de la plainte, de la culpabilité, de la punition, de la pénurie et de la peur. C'est le côté de la vie où règne l'ego, même s'il se déguise en spiritualité ou en bonnes intentions.

Mais il existe aussi le côté actif de l'infini. Un espace où il accède à sa véritable identité, où il s' l'aligne avec Dieu, avec la Source, avec la Vérité. Un espace où la vie n'est pas une réaction, mais une création.

La différence entre un côté et l'autre ? Le choix. Seulement, vous ne pouvez pas choisir si vous ne retirez pas votre bandeau. Et ce bandeau, c'est le personnage. C'est pourquoi la première chose que nous allons faire est de le détruire. Car si vous ne le faites pas, tout ce que vous lirez dans ce livre sera interprété à partir de cette prison. Et je ne veux pas cela pour vous.

Voici donc la première grande question : êtes-vous prêt à cesser d'être celui que vous croyez être ?

Si votre réponse est oui, alors vous avez déjà fait votre choix. Et quand on choisit avec son âme, la réalité change.

C'est pourquoi, avant d'aller plus loin, je voudrais vous demander de lâcher prise sur ce qui suit. Ce n'est pas une punition, c'est un acte de libération. Nous le ferons pour nous mettre en phase avec la vérité. Aucun être humain ne peut se connecter à la Source s'il ne s'y assiste pas activement. Et la Source est avec nous en ce moment même ; ne pas la voir est justement le problème.

C'est pourquoi, dans un premier temps, vous allez commencer à vivre la vérité. Car la vérité ne se trouve pas, elle se vit. Et pour cela, notre travail consiste à lâcher prise, à retirer le bandeau qui nous aveugle et à franchir le pas.

Est-ce inconfortable ? Oui.

Vous ne voulez pas le faire ? Peut-être.

Cela vous mènera-t-il à un autre niveau de compréhension ? Sans aucun doute.

## LES CHOSES QUE VOUS ALLEZ ABANDONNER À PARTIR D'AUJOURD'HUI

- **Vices** (pornographie, jeux vidéo, cigarette ou toute autre habitude qui vous vole votre énergie).

- **Les drogues** (alcool, marijuana ou toute substance qui vous éloigne de votre centre).

- **Le jugement des autres** (vous n'êtes plus le juge de personne).

- **Les environnements limitants** (vieux vêtements, lieux stagnants, personnes qui vous vident de votre énergie).

- **Les aliments toxiques** (cessez d'empoisonner votre corps, votre esprit et votre âme avec des produits transformés et chimiques).

- **Les environnements à basse vibration** (fêtes vides, cris, consommation de peur).

- **Réseaux sociaux toxiques** (cessez de suivre ceux qui n'élèvent pas votre conscience).

- **Les journaux télévisés** (programmés pour vous remplir de peur et de distraction).

**Pourquoi est-ce nécessaire ?**

Parce qu'une personne intoxiquée ne peut rien voir, ni à l'extérieur ni à l'intérieur. Si vous voulez connaître la vérité, vous devez d'abord vous débarrasser de tout ce qui vous empêche de voir. Ne pas le faire reviendrait à vouloir avancer avec un pare-brise tout craquelé ou couvert de saleté. Nous le nettoyons d'abord, puis nous avançons avec clarté, conviction et assurance.

Si vous espériez que je vous livre ici une vérité toute faite, vous vous êtes trompé d'auteur et de livre.

Je ne suis pas venu vous donner une vérité. Je suis venu vous guider afin que vous découvriez par vous-même la Seule Vérité. Et cela ne s'obtient pas en accumulant des phrases, des théories conspirationnistes ou des connaissances. Cela s'obtient en se débarrassant des couches jusqu'à ce que votre véritable Être, ce « Moi » élevé, émerge.

Nous en parlerons plus tard. Pour l'instant, considérez cela comme une purification initiale. Un acte symbolique. Une renaissance.

Si quelque chose dans ce que vous lisez vous dérange, si vous pensez que vous ne devriez pas le faire ou que ce n'est pas nécessaire, posez-vous sincèrement la question suivante :

**Est-ce que je lis ce livre pour apprendre ou pour confirmer ce que je crois savoir ?**

De mon point de vue, il est illogique de lire un livre en pensant avoir déjà toutes les réponses, car dans ce cas, vous ne feriez que réaffirmer votre arrogance et votre manque d'humilité. Si vous avez décidé d'acheter ce livre ou de consacrer votre temps à le lire parce que vous pressentez qu'il peut vous aider à changer votre vie, le minimum est de vous mettre dans un état réceptif, de vous laisser guider et de faire en sorte que le temps que vous y consacrez en vaille vraiment la peine.

Combien de personnes achètent des cours, des livres, des formations, des retraites, vont à des événements... et puis leur vie continue exactement comme avant ? Vous êtes-vous déjà posé la question ? Moi oui. Souvent. Et je l'ai vécu personnellement au début de ma « quête de connaissances ». Je consommais des informations sans les appliquer, dans l'espoir de découvrir quelque chose de nouveau qui transformerait ma vie. Mais rien ne changeait, car l'essentiel — moi, en tant que créateur — ne changeait pas. Mon attitude lorsque j'écoutais des mentors ou des auteurs était arrogante, du genre « je s is je sais déjà ». Et quand on est dans cet état d'esprit, le réservoir de connaissances se ferme. Rien d'autre n'y entre.

Donc, si vous continuez à lire, videz le réservoir. Investissez votre temps à bon escient et laissez-vous guider, car...

*« La foi sans action est une foi morte ».*

Cela dit, poursuivons cette purification et cet alignement, en lâchant prise sur tout ce qui vous préoccupe actuellement, du plus profond au plus superflu.

La vérité a commencé fort, oui. Mais ne vous inquiétez pas : si ce livre est entre vos mains, c'est parce que vous êtes prêt à le lire. Vous êtes prêt à recevoir toutes les informations et instructions nécessaires pour que ce « changement » que vous avez certainement demandé à l'univers commence enfin à se concrétiser. Sinon, vous ne l'auriez jamais croisé sur votre chemin.

## STOP 2 : L'ART DU DÉTACHEMENT

Peu de gens maîtrisent cet art, et pourtant c'est l'un des plus importants pour pouvoir soutenir tous les autres. Curieux, n'est-ce pas ? L'art du détachement — l'art de lâcher prise — est, paradoxalement, celui qui nous permet le plus de tenir bon.

Avec le temps, j'ai découvert une philosophie très simple : si vous ne voulez pas que quelque chose vous possède, ne possédez rien. Et si quelque chose entre dans votre vie, comprenez que vous ne faites que le gérer pendant un certain temps.

Mais attendez... je ne dis pas ce que vous pensez.

Ne rien posséder ne signifie pas que vous ne pouvez pas acheter cette voiture, cette maison, ou que vous devez aller vivre comme un moine dans l'Himalaya ou devenir un hippie en Inde.

En 2024, j'ai attiré dans ma vie une Porsche Cayman S, une magnifique voiture de sport qui a marqué un tournant dans ma vie. Mais ce n'était pas pour la raison évidente — ce n'était pas pour devenir la première personne de ma ville et des environs à avoir une voiture de sport de ce calibre garée chez moi tous les jours — mais parce que cette voiture a mis en lumière mes attachements, mes limites et mes peurs comme rien d'autre ne l'avait fait auparavant.

Dès les premiers jours où elle était dans mon garage, j'ai commencé à remarquer que je m'attachais de plus en plus aux détails : l t elle était rayée, si elle touchait le sol en roulant, si elle se salissait... et bien d'autres choses encore.

Mon intention expansive — transcender une peur et acheter une voiture de sport alors que je vivais dans un village de 1 500 habitants et que j'étais un jeune écrivain — était éclipsée par mon ego, qui me rappelait chaque jour le caractère « dangereux » de ma décision.

Quand j'ai réalisé ce qui se passait, j'ai rapidement pris des mesures. Tout d'abord, je l'observais. Chaque fois que cette petite voix de la peur apparaissait avec un commentaire négatif, je la détectais et la confiais à Dieu, en me disant des choses comme : « Si elle est rayée, c'est parce qu'elle devait l'être. » « Si *elle touche le sol, c'est ce qui devait arriver.* » « Je l'ai achetée pour inspirer les autres, pas pour qu'il ne lui arrive rien. »

Peu à peu, j'ai commencé à rééduquer mon esprit. J'ai cessé de vivre en état d'alerte. J'ai cessé de me protéger du monde. Et j'ai commencé à m'abandonner à lui.

J'ai imprégné mes pensées destructrices de pensées neutres, réelles et aussi positives. Et c'est à partir de ce changement que la magie a commencé.

J'ai commencé à partager des vidéos sur la voiture et le détachement sur les réseaux sociaux, et elles sont devenues virales. Au début, je ne comprenais pas vraiment quel était le dessein de Dieu pour moi avec cette voiture. Mais après avoir vu combien de vidéos disant que la voiture était un prêt de Dieu, que je la louais à Dieu, que je ne faisais que la gérer pendant un certain temps — entre autres titres que j'ai utilisés — résonnaient auprès de milliers de personnes... j'ai compris.

Un simple objet métallique m'a permis de montrer au monde une façon de vivre dans le détachement. Une façon réelle, connectée à la vérité universelle et, par conséquent, à la Source infinie, à la Conscience qui soutient tout ce qui est.

Je savais que je ne faisais que la gérer. Mais parfois, nous nous convainquons que les choses devraient durer plus longtemps. Et c'est là que nous nous compliquons à nouveau la vie : en croyant que les biens matériels nous apporteront le bonheur que nous recherchons... alors qu'en réalité, rien dans le monde ne peut nous donner ce que nous recherchons vraiment : la paix.

Nous allons souvent ressentir le bonheur, avec beaucoup de choses. Mais ce n'est pas quelque chose qui dure ou qui se maintient, car c'est quelque chose qui appartient au monde. La paix, en revanche, n'a pas besoin de raison d'être.

La façon de vivre que vous apprendrez dans ce livre est à l'opposé de celle du monde. Je vais vous montrer la Vérité, précisément pour que vous puissiez vivre en elle.

Ce processus commence par des mots et des révélations comme ceux-ci. Mais une fois que vous vous serez engagé sur cette voie, il vous sera impossible de voir la vie comme avant.

Je ne dis pas par là que vous ne devez pas posséder de biens matériels. Je dis simplement que vous ne devez pas croire qu'ils vous appartiennent. Et cette différence change tout.

Lorsque vous achetez une voiture, oui, d'un point de vue pragmatique, elle vous appartient. Sans aucun doute. Mais spirituellement, la vérité est qu'elle ne vous appartient pas : elle n'est qu'un prêt de Dieu.

Pourquoi votre voiture n'est-elle pas votre voiture et n'est-elle qu'un prêt de Dieu ? Parce que la perception qui nous fait croire que quelque chose est « à nous » ne voit que ce que captent nos yeux mondains, incapables de percevoir la réalité spirituelle de la situation : que tout est l'œuvre de Dieu.

L'obscurité n'est pas réelle, ce n'est qu'une absence de lumière. C'est pourquoi ce que vous appelez « perte » à un moment donné n'est qu'une illusion créée par votre perception, qui vous dit que quelque chose était là et n'est plus là maintenant. De la mê , ce que vous appelez « gain » est également une illusion : vous avez l'impression d'avoir quelque chose parce que vous ne l'aviez pas auparavant.

Aucun des deux n'est réel. Ils n'acquièrent une « réalité » qu'aux yeux de l'ego. Et le problème est que l'ego s'identifie à la forme, sans parvenir à voir ce qui soutient la forme. C'est le voile que nous commençons à lever.

Pour avancer et créer le personnage avec lequel nous allons jouer dans cette Matrice et découvrir la Seule Vérité, il est essentiel de lâcher prise davantage sur ce à quoi nous nous accrochons. Et ce détachement ne commence pas à l'extérieur, mais à l'intérieur. Il s'active d'abord sur le plan spirituel, puis se reflète sur le plan matériel.

Il ne s'agit pas de vivre sans posséder, mais d'apprendre à posséder sans être possédé. Cela ne signifie pas que vous ne devez pas acheter, profiter ou utiliser des choses ; cela signifie que, lorsque vous le faites, vous devez vous rappeler que tout ce qui entre dans votre vie est temporaire : un prêt que vous devrez tôt ou tard rembourser. Ce « moment » peut être lorsque vous quitterez ce corps, ou même bien avant. Mais si votre paix en dépend, alors ce n'est pas la paix.

*« Le véritable pouvoir ne réside pas dans le fait de retenir, mais dans le fait de lâcher prise sans se perdre. Car la seule chose qui vous appartient vraiment... c'est votre choix. »*

Ce principe n'est pas symbolique. C'est une façon de vivre. Et lorsque vous l'incarnez, vous établissez les bases qui vous permettent de soutenir le monde extérieur sans qu'il ne vous renverse : un monde intérieur solide et abondant, où le détachement cesse d'être un effort et devient une philosophie fondamentale, naturelle et libératrice.

Dans ce jeu, la seule chose permanente est le changement. Et si vous vous attachez aux choses, vous signez un contrat direct avec la souffrance, car dans le monde extérieur, tout est en mouvement constant. Tout mute, tout change, tout passe.

Lorsque vous reconnaissez que l'idée « ceci est à moi » n'est qu'une croyance, l'opportunité de transcender cet attachement apparaît. Et en lâchant prise, vous faites de la place dans votre vie pour recevoir ce que vous avez toujours voulu, mais non plus à partir d'un désir vide, mais à partir de la certitude intérieure que cela vous revient... précisément parce que vous avez cessé de le poursuivre et que vous êtes devenu capable de le gérer.

Remplir un vide n'est pas la même chose que manifester à partir de la plénitude. S'efforcer d'atteindre quelque chose n'est pas la même chose que l'attirer à partir de sa vibration.

98 % de la population mondiale court sans cesse après la carotte. Elle entreprend « pour être libre », pour gagner de l'argent et

s'acheter des choses. Elle étudie pour trouver un emploi, gagner de l'argent et s'acheter des choses.

Ils font toujours quelque chose pour obtenir quelque chose, au lieu de s'arrêter, de regarder à l'intérieur d'eux-mêmes, d'embrasser le vide, d'allumer une lumière dans l'obscurité, de regarder l'ombre et de la remplir de Présence. Et c'est là que réside la clé. Non pas dans l'effort, mais dans le don de soi. Non pas dans le contrôle, mais dans l'abandon.

Continuons.

Passons à la phase suivante : créer le personnage qui jouera ce jeu.

Dans la première étape, nous nous sommes concentrés sur la destruction de la version passée, en la regardant avec amour, compréhension et gratitude. Maintenant, le niveau suivant consiste à construire avec un but. Nous avons fait un premier pas. Nous allons maintenant faire le troisième. Le deuxième a déjà été fait par Dieu.

## ÉTAPE 3 : CRÉER LE PERSONNAGE

*« Vous pouvez être, faire et avoir tout ce que vous désirez dans la vie. »*

Cette phrase a complètement marqué ma compréhension de la « réalité ». Elle semble simple, mais elle renferme le secret le plus important dont nous sommes dotés en tant qu'êtres humains : un secret oublié, déformé par beaucoup et mal utilisé par tant d'autres.

Dans cette partie, vous trouverez un manuel clair, précis et direct sur la manière d'être ce que vous avez toujours voulu être, de faire ce que vous avez toujours voulu faire et d'avoir ce que vous avez toujours voulu avoir. Vous verrez qu'il n'y a rien de mystique là-dedans, mais que c'est pratique, simple et parfaitement conforme aux lois universelles. Pensez simplement à ceci :

*« Que vous croyiez que ce n'est pas possible ou que vous croyiez que c'est possible, vous aurez raison. »*

Vous allez maintenant apprendre à jouer du côté positif de la vie. À jouer avec Dieu, en comprenant l'importance de cela pour obtenir absolument tout ce que vous désirez.

Mais avant de créer le personnage qui sera nécessaire à cette tâche, laissez-moi vous révéler ce que cela signifie vraiment. Le personnage n'est ni un masque ni une version artificielle de vous-même. C'est l'expression la plus pure de votre âme incarnée dans cette dimension. C'est l'outil que vous utiliserez pour manifester votre objectif, élargir votre conscience et servir le monde.

Je suis sûr qu'à ce stade, vous avez déjà surmonté de nombreux obstacles, et si vous continuez à lire, c'est parce que vous êtes vraiment engagé dans la vérité. Continuons donc à libérer l'esprit des faux liens.

Maintenant que vous avez abandonné vos habitudes et vos comportements négatifs et toxiques, nous pouvons commencer à ajouter de nouvelles façons de vivre qui sont en accord avec l'évolution de votre Être. Lorsqu'un être humain se concentre sur ce qui le soutient — la partie spirituelle —, sa vie se transforme complètement. Mais pour voir ce qui n'est pas visible, nous devons apprendre à regarder avec un regard neuf. À mesure que le voile tombe, une vision plus claire, plus réelle et plus silencieuse apparaît, qui a toujours été là, même si nous ne la percevions pas. C'est cette vision qui soutient tout.

> *« Le monde extérieur est créé à l'image et à la ressemblance du monde intérieur. Pour qu'une chose existe, elle doit d'abord être vue quelque part, et cet endroit est l'esprit. »*

Au moment de créer le personnage, assurez-vous de respecter les points que je vous ai indiqués précédemment et d'être vraiment engagé dans chacun d'entre eux. Si ce n'est pas le cas, ne continuez pas à lire ce livre. C'est très catégorique et je sais que je prends un risque en le disant ainsi, mais vous êtes venu pour la vérité et c'est notre norme. Je sais que certaines choses vous prendront plus de temps à abandonner, mais si vous conservez vos anciennes habitudes de pensée, si vous conservez vos anciens comportements, si vous conservez votre façon de communiquer, ne vous attendez pas à ce que votre « vrai moi » apparaisse. Si vous y regardez de plus près, ce que nous faisons, c'est créer le réceptacle pour que la vérité puisse s'exprimer. Ne pas suivre les étapes décrites depuis le début ne fera que troubler davantage votre esprit. Ce livre n'est pas destiné à divertir votre ego, mais à le transcender. Je sais qu'il est difficile de lire ces lignes, mais le plus douloureux est de conserver une identité basée sur l' u la peur qui vous éloigne chaque jour un peu plus de ce que vous êtes réellement et de tout ce que vous pouvez faire ou avoir.

Rappelez-vous : nous devons rendre conscient l'inconscient. Et pour y parvenir, l'outil consiste à abandonner ce que nous croyions être, à nous détacher de cette version limitée qui ne nous représente plus. Beaucoup de gens se concentrent uniquement sur l'obtention, ce qui ne fait que renforcer le vide qu'ils ressentent. C'est pourquoi j'insiste tant sur le fait de se débarrasser d'abord des couches de peur qui obscurcissent la vision.

Ce livre va vous faire passer au niveau supérieur. Vous découvrirez des choses de ce monde que peu de gens sont capables de tolérer. Des vérités dérangeantes. Des secrets bien gardés. Des révélations qui bouleversent. C'est pourquoi vous devez considérer ce processus initial comme une purification. Nous sommes en train de faire un véritable lavage de cerveau, mais pas comme celui que le système a fait, plutôt un lavage interne, aimant et libérateur.

Des choses que vous n'aimez pas chez vous vont ressortir. Des murs et des limites que vous n'aviez pas vus ou dont vous ne soupçonniez pas l'existence vont apparaître. Des résistances internes vont se manifester, des conflits parce que vous ne voulez pas suivre les instructions, de la colère déguisée en scepticisme.

Des conflits tels que : « *Ce livre n'était-il pas censé parler des extraterrestres, de l'élite occulte et des complots ? Et maintenant, vous me dites que je dois d'abord retirer mon bandeau et vous ne me révélez toujours rien d'extérieur ?* » Celui qui se plaint, c'est votre ego. Vous apprendrez de plus en plus à le dompter et à le rediriger vers la vérité. C'est l'objectif, et c'est ce à quoi nous travaillons.

Je vous dirai simplement de ne pas sous-estimer ce qui se passe actuellement. La lecture de ce livre crée de nouvelles connexions en vous, et nous ne faisons que commencer.

> *« Ce qui entre crée ce qui sort. C'est pourquoi une personne sage ne fait pas seulement attention à ce qu'elle mange, mais aussi à ce qu'elle écoute et à ce qu'elle lit. »*

Maintenant, laissez-moi vous révéler quelque chose d'important : ce que nous appelions autrefois « le Diable » et « Dieu » ne sont que les deux faces d'une même médaille. Ils sont identiques, mais fonctionnent différemment. Le Diable est la partie qui vous endort, qui renforce l'illusion, qui veut que vous restiez endormi (pôle négatif). Dieu est la partie qui vous stimule, qui vous rappelle qui vous êtes, qui vous montre que même avec l' u bandeau sur les yeux, vous pouvez voir, ou que vous pouvez l'enlever quand vous le souhaitez (pôle positif).

Symboliquement, le « bandeau » représente les pensées, les croyances, les émotions et les schémas qui obscurcissent votre vision. Ils vous empêchent de voir l'ensemble du tableau, de sortir des sentiers battus et de vivre en dehors du scénario. Le simple fait de continuer à lire, à comprendre et à appliquer ce que vous lisez fait que ce bandeau se dissout peu à peu.

Même si vous avez encore des croyances et que le bandeau n'a pas complètement disparu, vous commencerez à ressentir la vérité dans chaque pore de votre être. Même sans la voir. Car la vérité ne se voit pas, elle se reconnaît.

De plus, vous devez comprendre que ce dont je parle n'est ni nouveau ni caché. Ceux qui dirigent le système mondial le savent et l'utilisent. Les symboles chargés de pouvoir, les « coïncidences » qui n'en sont pas vraiment... Ceux qui dominent le jeu matériel ne le font pas parce qu'ils dominent la matière, mais parce qu'ils savent utiliser leur énergie : leurs pensées. Ils pensent en accord avec ce qu'ils veulent.

Je me souviens encore de la première fois où j'ai eu un éveil spirituel — ou du moins c'est ainsi que je l'appelle. J'avais planifié ma vie pour devenir pilote dans l'armée de l'air uruguayenne, mais pour des raisons techniques, j'ai été exclu de cette possibilité. Cette année-là, me sentant complètement perdu et sans but, j'ai commencé à chercher des réponses là où le système disait qu'elles se trouvaient : dans l'argent.

Si j'avais compris une chose, c'était que tout tournait autour des études pour ensuite trouver un emploi, alors je me suis dit : « *Et s'il y avait une autre façon de faire ?* » Cette question m'a amené à chercher des alternatives et, au fil de mes recherches, j'ai commencé à regarder des vidéos sur le fonctionnement du système financier, sur les moyens de gagner de l'argent sans aller à l'université, et pour la première fois, j'ai senti battre en moi le mot « *entrepreneuriat* ».

Oui, ma première prise de conscience a été financière. J'ai commencé à lire des livres sur la finance spirituelle, à m'informer sur l'économie mondiale, l'immobilier, les méthodes pour gagner de l'argent sur Internet et bien d'autres choses encore. Le plus important : mon lavage de cerveau avait commencé. Depuis lors, je n'ai plus jamais vu la vie de la même manière. Mais bien sûr, sans m'en rendre compte, j'ai commencé à poursuivre un nouvel objectif. Il ne s'agissait plus de trouver un emploi pour gagner de l'argent, mais désormais de créer une entreprise pour gagner de l'argent. J'avais simplement changé de moyen, mais mon objectif restait le même : **posséder.**

Pendant des années, tout ce que j'ai entrepris a échoué. Je ne parvenais à générer de l'argent avec aucun de mes projets, et tout ce que je faisais, c'était augmenter ma dette sur la carte de crédit que, à l'époque, mon père me prêtait pour mes dépenses, en partie à cause de mon ignorance et de mon manque de maîtrise de moi.

Bien sûr, l'histoire ne s'arrête pas là. Après tant d'échecs, j'ai finalement compris que je devais arrêter de courir après quelque chose. J'ai commencé à me consacrer uniquement à créer la personne. À me concentrer sur moi-même, sans distractions, et à éliminer toute interférence qui perturbait mes journées. Cela impliquait de m'éloigner des personnes que j'appelais mes amis, d'arrêter de consommer des informations négatives et de commencer à faire attention à tout ce qui entrait dans mon champ de perception à travers mes sens.

La première fois, l'éveil a été extérieur. J'ai vu le bandeau et j'ai voulu l'arracher violemment, pour en mettre un autre à la place. La deuxième fois, j'ai cessé de me concentrer sur le bandeau et j'ai regardé à l'intérieur. Le bandeau était toujours là, mais grâce à chaque compréhension, réflexion et adversité que j'ai utilisées comme apprentissage, j'ai créé un personnage réel. Le seul possible : celui qui ne poursuit pas, celui qui est comblé, celui qui vibre d'amour et celui qui s'épanouit continuellement. Celui-là même que je vous invite à créer maintenant.

Pour créer le personnage dans cette Matrice, nous utiliserons cette formule comme guide :

### ÊTRE – FAIRE – AVOIR

Cette formule est le pont entre l'invisible et le visible, entre ce qui est et ce que vous expérimentez. Si vous l'appliquez correctement, vous pourrez manifester avec intégrité tout ce que votre âme est venue expérimenter.

- **ÊTRE** représente le monde intérieur de vos croyances actuelles.

- **FAIRE** représente le monde intérieur de vos actions présentes.

- **AVOIR** représente votre réalité extérieure, ce que vous avez attiré en fonction de ce que vous avez pensé et fait dans la ligne temporelle précédente.

Pour mettre cela en perspective : une personne (vous) achète ce livre (l'attire dans sa vie). Ensuite, elle commence à le lire (**FAIRE**). Et, par conséquent, elle obtient quelque chose (**AVOIR**). Remplacez cela par n'importe quel exemple de votre choix et vous verrez que cela fonctionne de la même manière. Tout ce que nous avons est le résultat de ce que nous avons fait, et tout ce que nous avons fait est né de la façon dont nous pensons être.

Quand personne ne nous enseigne cette formule, nous finissons par faire l'inverse : nous croyons que ce que nous sommes dépend de ce qui se passe à l'extérieur (s'il fait froid ou chaud, s'il pleut ou non), de ce que nous faisons (si nous nous entraînons ou non, si nous mangeons ou non), ou de ce que nous avons (si nous possédons la vérité ou non). Cette attitude, si vous y prêtez attention, est celle de quelqu'un qui joue du côté passif : conditionné et entraîné par ce qui se passe dans la vie. Une personne de ce côté se plaint, se justifie et s'excuse continuellement. Et bien sûr, elle reçoit plus de la même chose, car son énergie est faite de plaintes, de souffrance et de douleur.

Ce que nous recherchons, en réalité, c'est d'inverser cette direction : être ceux qui influencent la vie, tout en laissant la vie nous influencer, dans cet ordre. C'est-à-dire jouer du côté actif de l'infini.

Ainsi, si **FAIRE** et **AVOIR** finissent par être la conséquence de **l'ÊTRE**, n'est-il pas logique de commencer à aligner nos actions sur notre Être afin d'obtenir, par conséquent, un résultat différent ?

En d'autres termes, si tout consiste à prendre conscience de la partie « obscure », alors, grâce à des actions élevées, nous pouvons nous connecter à notre version la plus élevée : cet Être qui attend patiemment que nous l'utilisions pour s'épanouir dans la vie.

Sans aller plus loin, c'est souvent ce qui freine les êtres humains : ils pensent qu'ils ne peuvent pas, que ce n'est pas pour eux, qu'ils vont échouer. Et c'est là que le Diable s'immisce et que le bandeau se colle à nouveau.

Pour éviter cela, nous avons besoin d'un dernier concept clé avant de vous montrer la marche à suivre à partir d'aujourd'hui pour ne plus succomber aux tentations du Diable.

## STOP 4 : LE SEUL BUT DE L'ÊTRE HUMAIN

Pensez-vous vraiment qu'une personne concentrée peut succomber à nouveau aux ténèbres ? La réponse est oui, c'est possible. Mais cela a beaucoup moins de chances de se produire si vous restez concentré sur le but de votre vie, clairement et fermement, à chaque seconde.

Un esprit concentré sur son but est une menace pour le diable et les sujets du système.

Vous pouvez le vérifier de manière très simple et pratique : marchez dans une rue bondée. Tout en avançant, fixez votre regard sur un point lointain, avec une attention soutenue, et marchez d'un pas assuré. Les gens commenceront alors à vous laisser passer. Cela semble incroyable jusqu'à ce que vous le viviez, et c'est là que vous comprenez que l'action inspire la foi et que sans foi, nous ne pouvons rien accomplir (nous approfondirons ce sujet plus tard).

Pourquoi cela se produit-il ? Parce que votre esprit crée votre réalité. Si vous vous concentrez sur une chose, c'est ce que vous obtiendrez. Imaginez la scène : vous marchez le regard fixe et concentré, sans dévier, et les gens vous laissent passer. Ce qui serait un obstacle pour un esprit inactif devient partie intégrante du flux pour celui qui joue du côté actif de l'Infini. Oui, les obstacles sont toujours là, mais vous les franchissez facilement.

C'est l'un des antidotes les plus puissants contre le diable : l'attention. Bien que mal utilisée, c'est aussi ce qui peut le plus rapidement vous faire tomber dans ses filets.

Rappelez-vous toujours : lorsque vous choisissez, vous êtes en Dieu, car le choix n'est possible qu'à partir d'un esprit certain. Le non-choix vous maintient dans le doute. Le doute vous conduit à l'incertitude, et l'incertitude vous laisse à la dérive. Et c'est dans la dérive que se trouve le diable.

C'est comme lorsque vous avez faim et que vous ouvrez le réfrigérateur : si vous choisissez de manger une pomme, vous la mangez et vous êtes satisfait. Mais si vous hésitez entre la pomme, le biscuit ou le jus, vous restez là à regarder sans vous décider, et au final... votre faim augmente en même temps que les chances que vous choisissiez la pire option.

*« La décision nourrit. Le doute paralyse. »*

Quand une personne se perd à la recherche de la vérité, au lieu de la vivre chaque jour, sa vie ralentit, elle tombe dans la léthargie et n'attend qu'un miracle jusqu'au jour de sa mort, sans jamais comprendre que les miracles sont le pain quotidien quand on vit dans la Vérité et pour la Vérité.

C'est pourquoi, à mesure que nous avancerons, vous cesserez de dériver. Vous comprendrez que si vous voulez la vérité, vous devez la vivre à chaque instant. Oui, la vivre implique de la douleur, mais ne vous inquiétez pas : vous, âme qui habitez ce corps, vous ne souffrirez pas. Celui qui souffrira, c'est votre ego, qui garde encore des attachements. Mais votre vérité, ce que vous êtes vraiment, ne peut pas souffrir d' . Votre vérité attend d'être vécue maintenant. Et c'est exactement ce que nous allons faire.

Beaucoup ont ouvert ce livre en espérant qu'il leur révèle le secret du système. Et oui, c'est ce qui se passe. Mais pas du système auquel vous pensiez.

Le système créé par l'élite — avec ses médias, ses gouvernements, ses banques, ses religions et ses structures de contrôle — est conçu pour maintenir 98 % du monde endormi, prisonnier de pensées négatives, de la peur et de l'incertitude. C'est le système visible, externe, celui que vous pouvez enquêter, dénoncer ou vouloir renverser.

Mais il y a quelque chose de plus dérangeant. Réfléchissez quelques instants à la réponse à cette question qui vous viendra à l'esprit : **que se passerait-il si le véritable système qui soutient ce système avait été mis en place par vous-même sans que vous vous en rendiez compte ?**

Je ne dis pas que vous êtes l'un d'entre « eux ». Ce que je dis, c'est qu'en vous endormant, vous avez accepté les conditions du jeu sans en lire les règles. Chaque fois que vous avez allumé la télévision, que vous avez obéi sans poser de questions, que vous avez désiré ce qu'on vous a dit de désirer, que vous avez répété ce que vous ne compreniez pas... vous l'avez alimenté. Vous n'avez pas créé la Matrice externe, mais vous avez fabriqué votre e t votre compatibilité avec elle. Vous vous êtes construit un lit parfait à l'intérieur de cette prison.

Et c'est là que commence ce qui est vraiment important.

Je comprends la curiosité de vouloir découvrir les ficelles cachées du monde. Moi aussi, je voulais tout savoir. Mais plus j'enquêtais, plus je me posais de questions. Jusqu'à ce que je comprenne que le véritable système que je devais démanteler était le mien : celui qui crée ma réalité.

Et à ce stade, nous devons être brutalement honnêtes : voulez-vous vraiment comprendre comment fonctionne le système externe et le « démanteler » ? Ou souhaitez-vous plutôt être, faire et avoir ce que vous avez toujours voulu ?

L'ego s'immisce facilement. Nous sommes tous passés par là, quel que soit notre statut dans ce monde. Nous avons tous un ego, personne ne nous a enseigné la moindre parcelle de vérité... mais nous sommes ici, ensemble, pour révéler cela au monde.

Car le système qui crée tous les systèmes — le filtre à travers lequel vous interprétez la vie — est le vôtre.

Une expérience à grande échelle a été menée à Washington D.C. entre le 7 juin et le 30 juillet 1993, dans le cadre du projet « », lorsque près de 4 000 pratiquants de méditation se sont rassemblés dans la ville pour un projet prospectif conçu à partir d'hypothèses et d'une révision scientifique préalable.

Les auteurs ont rapporté que, pendant les pics de participation, les crimes violents contre les personnes ont chuté de 23,3 % (et la violence totale a diminué d'environ 15 à 24 % selon les analyses), avec des résultats statistiquement significatifs rapportés par l'équipe.

L'interprétation officielle était claire : les changements dans la « conscience collective » — ce qu'ils appellent l'effet Maharishi — étaient associés à des diminutions mesurables de la violence.

Et oui, ces résultats ont suscité un débat académique — certains défenseurs reproduisent les analyses, d'autres émettent des critiques méthodologiques et demandent des reproductions indépendantes —, mais ce qui est crucial pour vous, c'est la leçon pratique : si la conscience collective a eu un effet statistique sur la violence dans une capitale, alors démanteler le système interne n'est pas une simple philosophie, c'est un levier aux conséquences mesurables.

Nous allons donc maintenant décomposer le système interne (celui qui projette le système externe) pour comprendre comment vous créez vous-même votre réalité à votre image.

**<u>Le processus mental de création :</u>**

- Vos pensées vous amènent à ressentir certaines émotions.

- Vos sentiments vous conduisent à ressentir des émotions spécifiques.

- Vos émotions vous poussent à agir en fonction de ce que vous ressentez.

- Vos actions génèrent des expériences concrètes dans votre vie.

- Vos expériences finissent par vous convaincre que la vie est d'une certaine manière, ce qui vous amène à croire certaines choses sur vous-même et sur le monde.

- Ses croyances, dans cette dernière et première phase, l'amènent à penser d'une certaine manière à la vie et, par conséquent, à créer chaque détail de ce qu'il voit, selon sa propre image.

Et savez-vous ce qui est le plus impressionnant ? C'est que ce processus est cyclique ! Il ne s'arrête pas… jusqu'à ce que vous fassiez quelque chose de différent à un maillon de la chaîne. C'est exactement ce que je vous ai proposé dans les paragraphes précédents.

Imaginez comment votre vie pourrait changer si vous commenciez à prêter attention à vos pensées ? Ou si vous étiez conscient de vos sentiments, de vos émotions, de vos actions, de vos expériences et de vos croyances ?

Ce système qui régit votre vie se projette dans ce que vous voyez à l'extérieur. C'est pourquoi les êtres humains ne voient pas ce qui se passe à l'extérieur : ils voient ce qu'ils projettent de l'intérieur, selon chaque maillon de cette chaîne.

Je vais vous faire part de ce que j'ai découvert sur les systèmes extérieurs et sur la manière de les observer dans une perspective plus large et évolutive afin de comprendre le monde dans lequel vous évoluez. Mais si vous ne reconfigurez pas votre propre système… comprendre les autres ne servira à rien. La seule personne à qui cela servira, c'est le diable, car cela vous rendra encore plus craintif, plus dubitatif… et à la dérive.

Voici les domaines sur lesquels je vous recommande de commencer à travailler pour aligner votre être et cesser d'errer sans but dans la vie. Quoi que vous fassiez, qui que vous soyez, c'est la base sur laqu e repose tout type de réussite, dans n'importe quel domaine. Nous allons détailler chaque point afin que cela soit simple et que vous puissiez commencer dès aujourd'hui à diriger votre réalité vers un état supérieur.

**Les bases d'un système interne aligné et cohérent :**

1. Alimentation consciente
2. Entraînement physique
3. Service aux autres
4. Habitudes élevées

**1. Le régime alimentaire d'un être sacré :**

Nous sous-estimons à quel point il est facile de se laisser distraire par la nourriture et, par pure ignorance, nous sous-estimons ce que nous introduisons dans notre temple : le corps.

Celui qui se gave de nourriture, mélange les aliments sans discernement, mange trop ou ne nourrit pas correctement son corps, finira tôt ou tard par dériver. Le corps — le temple de l'esprit, le véhicule avec lequel nous jouons ce jeu dual — mérite d'être traité avec la plus grande estime et d' e avec les normes les plus élevées si nous voulons jouer une bonne partie.

La majorité de la population a des problèmes d'alimentation, ce qui est compréhensible : personne ne nous a appris à nous nourrir. C'est de là que découlent tant de maladies, de douleurs et de distractions. En réalité, nous sous-estimons l'importance de la nourriture et la facilité avec laquelle nous nous laissons tromper juste pour satisfaire notre envie de manger.

Je me souviens qu'un jour, alors que j'étais sur le point de déjeuner avec mon partenaire, j'ai trouvé un pot de mayonnaise dans le réfrigérateur. Je l'ai sorti et j'ai pensé : « Je vais en mettre un peu dans mon assiette ». Mais je me suis aussitôt dit qu'il était étrange que nous ayons de la mayonnaise. Nous nous sommes souvenus que des amis étaient venus chez nous quelques jours auparavant et avons supposé qu'ils l'avaient achetée. C'est ainsi que, presque par hasard, j'ai décidé de lire la liste des ingrédients... et parmi eux figurait un ingrédient appelé « séquestrant ». Littéralement. J'ai immédiatement jeté le pot à la poubelle.

Vous imaginez mettre du « séquestrant » dans votre assiette ? Vous imaginez manger quelque chose qui porte ce nom ?

Et ce n'est pas un cas isolé. Il ne s'agit pas seulement d'une mayonnaise contenant un « séquestrant ». C'est toute une industrie alimentaire qui fonctionne d'une manière qui semble tout droit sortie d'un film de conspiration. Même les emballages sur lesquels sont inscrits en gros « végétalien », « sans gluten », « sans sucre »... il suffit de les retourner et de regarder leurs ingrédients réels pour se rendre compte que cela ressemble à une blague. Personnellement, je suis une règle infaillible pour savoir quoi acheter si je choisis un produit emballé : si je ne connais pas le nom de l'ingrédient, je ne l'achète pas. C'est simple. Pourquoi mettre dans notre bouche des choses dont nous ne connaissons pas la nature ?

Si nous voulons aller un peu plus loin dans l'aspect énergétique et conspirationniste de la question, il suffit de regarder les marques les plus vendues au monde. **Monster Energy** a un logo avec trois lignes qui rappellent la lettre hébraïque *Vav* (ו), dont la valeur numérique est 6, formant le nombre 666. Son slogan « *Unleash the Beast* » (« Libérez la bête ») renforce encore cette interprétation.

**Oreo** a la croix templière et le symbole du cercle avec un point central, tous deux liés à des ordres ésotériques.

**Kellogg's**, fondée par John Harvey Kellogg, eugéniste obsédé par la suppression de la masturbation par l'alimentation, quelle meilleure stratégie que l' e inonder le petit-déjeuner de millions de personnes de céréales sucrées ?

Et ce n'est que la partie émergée de l'iceberg. Je ne m'étendrai pas davantage, mais je veux que vous compreniez que tout cela est bien réel. Plus vous garderez vos œillères, plus il vous sera difficile de voir la vérité, car le diable vous emporte chaque jour un peu plus !

L'industrie alimentaire produit de la nourriture pour 98 % de la population mondiale. C'est une industrie qui pèse des milliards et dont le succès ne repose pas sur l'alimentation, mais sur le fait de maintenir la population malade, dépendante et accro. Ses produits ne sont pas conçus pour nous nourrir, mais pour *satisfaire* des envies qu'elle génère souvent elle-même.

Si vous pensez encore que tout cela n'est qu'une coïncidence, faites un test simple : prenez n'importe quel produit au supermarché et retournez-le. Lisez l'étiquette.

Je vous assure que votre conscience commencera à vous guider de plus en plus pour éviter les aliments à faible vibration. La vérité a toujours été devant vous, mais vous l'avez ignorée parce qu'on ne vous a jamais appris à la voir, ou parce que vous pensiez qu'il n'était pas important d'en assumer la responsabilité. Écoutez, vous n'êtes pas un corps : vous êtes un être spirituel qui habite un corps. Vous êtes de l'énergi , de la fréquence et de la vibration. C'est pourquoi tout compte, absolument tout. Oui, cela peut sembler extrémiste, mais une alimentation consciente est la base d'un être dont l'énergie cesse d'être trouble et confuse.

Maintenant, vous le savez. La question est : que ferez-vous de cette information ?

Ce n'est pas un hasard si, pendant des décennies, nous avons donné la priorité à la consommation de certains aliments. Ce n'était pas un choix libre. Nous avons été programmés comme l'éléphant avec la corde.

L'industrie alimentaire ne vend pas seulement des produits : elle vend des idées, des habitudes et des addictions. Et elle le fait grâce à un système conçu pour que nous ne remettions jamais en question ce que nous mangeons.

Prenons l'exemple du sucre. Dans les années 60, l'industrie sucrière a soudoyé des scientifiques de Harvard pour qu'ils publient des études minimisant son lien avec les maladies cardiaques et rejetant la faute sur les graisses. Résultat ? Le sucre a été introduit dans pratiquement tous les aliments transformés et est devenu une drogue légale acceptée dans tous les foyers.

Et ce n'est pas exagéré de le qualifier de drogue. Le sucre et la cocaïne activent les mêmes circuits de récompense dans le cerveau. Certaines études ont même montré que le sucre peut être plus addictif, car il stimule de manière répétée la libération de dopamine, générant un cycle de compulsion et d'abstinence. La différence est que, contrairement à la cocaïne, le sucre est présent dans presque tous les produits vendus en supermarché : pain, sauces, jus de fruits et même aliments pour bébés.

Ce n'était pas une erreur : c'était une stratégie. L'industrie sucrière a créé des générations entières d'accros sans que personne ne s'en aperçoive. Il ne s'agissait pas de nutrition, mais d'affaires.

Il en a été de même pour la viande. Il ne suffisait pas que les gens en consomment de manière sporadique ; l'industrie devait en faire un besoin psychologique.

On nous a fait croire que sans viande, il n'y avait pas de protéines. Que sans protéines, il n'y avait pas de force. Et que sans force, il n'y avait pas de vie.

Mais que se passerait-il si je vous disais que tout cela est l'une des plus grandes escroqueries de l'industrie alimentaire ?

L'idée que nous avons besoin de tonnes de protéines a été stratégiquement implantée par les entreprises de l' u de la viande et des produits laitiers. Dans les années 50, l'Association nationale des éleveurs de bétail des États-Unis a dépensé des millions en publicités avec des slogans tels que « *Beef. It's what's for dinner* » (« Du bœuf. C'est ce qu'il y a au menu »). En Europe, l'Union européenne a financé des campagnes visant à inverser la baisse de la consommation de viande et à garantir la demande.

La réalité est tout autre. Les protéines sont partout : dans les fruits, les légumes, les noix, les légumineuses. Nous n'avons pas besoin d'en consommer en excès, et encore moins de dépendre uniquement des protéines animales. L'excès ne se transforme pas en muscle, mais en glucose ; il surcharge les reins et acidifie le corps, augmentant le risque de maladies métaboliques.

Alors, qui profite du fait que vous pensiez avoir besoin d'autant de protéines ? Réfléchissez-y. Rien de tout cela n'est le fruit du hasard.

Et n'oublions pas le petit-déjeuner. On nous a fait croire que c'était « le repas le plus important de la journée », mais cette idée ne vient pas de la science, mais du marketing des céréales.

C'est John Harvey Kellogg, fondateur de Kellogg's, qui a lancé cette idée, non pas pour des raisons de santé, mais comme stratégie pour supprimer le désir sexuel. Selon lui, les céréales « » étaient un « régime idéal pour la pureté » et un moyen de « contrôler la luxure ». Depuis lors, le petit-déjeuner est devenu un rituel obligatoire, renforcé par des décennies de publicité pour les céréales, les produits laitiers et les jus transformés.

Mais ce qu'on ne vous dit pas, c'est que sauter le petit-déjeuner peut être la meilleure chose à faire pour votre santé.

Le jeûne intermittent, qui consiste à espacer davantage les repas, s'est avéré être l'une des pratiques les plus efficaces pour réduire l'inflammation, améliorer la sensibilité à l'insuline et augmenter la longévité. Lorsque vous jeûnez, votre corps active un processus appelé **autophagie**, qui élimine les cellules endommagées et régénère les tissus.

Si le petit-déjeuner était aussi vital qu'on nous l'a fait croire, pourquoi notre corps réagit-il mieux lorsque nous ne mangeons pas le matin ?

C'est ainsi que le marketing a piraté notre biologie et notre culture. On nous a convaincus que certains aliments étaient essentiels alors qu'en réalité, ils étaient des outils de manipulation de masse.

**Que mangeriez-vous si personne ne vous avait conditionné ?**

Pendant une grande partie de ma vie, j'ai donné la priorité aux glucides, aux sucres raffinés, aux farines, à la viande et à tout type d'aliment sans savoir ce qu'ils contenaient réellement ni comment ils étaient fabriqués. Cela m'a conduit à des déséquilibres hormonaux constants, à me laisser distraire par la nourriture, à manger de manière excessive ou à devenir rigide avec les horaires jusqu'à en devenir dépendant. Cela m'énervait si je ne déjeunais pas à midi pile. J'ai mis la nourriture sur un piédestal, mais sans aucune connaissance de ses composants. Le résultat : un corps dont je n'étais pas reconnaissant, une vie qui ne m'honorait pas et une routine incohérente.

Après avoir essayé différents régimes pendant des années, j'ai compris quelque chose d'essentiel : il n'existe pas de régime alimentaire qui puisse être durable dans le temps. Pourquoi ? Parce que le temps lui-même n'est pas durable ; c'est une construction de notre ego. Tout ce que vous placez dans le temps, vous le placez dans un espace destiné à la souffrance, car la seule chose permanente dans le temps est le changement.

Alors, que faire ? Comme l'a dit Nikola Tesla : « Si vous voulez comprendre les secrets de l'univers, pensez en termes d'énergie, de fréquence et de vibration ». Et c'est ce que j'ai commencé à appliquer à l'alimentation.

J'ai commencé à privilégier les aliments à haute calibration énergétique, tout en écoutant mon corps chaque jour. Peu à peu, j'ai commencé à mettre en lumière mes peurs et mes insécurités afin de comprendre ce dont j'avais vraiment besoin. J'ai cessé de juger mes horaires de repas, j'ai cessé de m'énerver, j'ai cessé de mettre la nourriture sur un piédestal. Ma vie est devenue plus simple, plus enrichissante, et j'ai commencé à n'utiliser la nourriture que lorsqu'elle servait un objectif plus important. En résumé : j'ai cessé de privilégier mon ego et mes attachements.

Plus loin dans ce livre, je vous expliquerai comment guérir n'importe quelle maladie d'un point de vue psychologique et spirituel. Mais si vous commencez dès aujourd'hui à privilégier une alimentation consciente, alcaline et à haute vibration, en écoutant la voix de votre conscience à chaque instant, vous obtiendrez des résultats en termes de clarté mentale, de connexion spirituelle et de guérison que vous n'avez jamais connus auparavant.

Un corps qui n'est pas traité avec respect nourrit un esprit incapable de se traiter lui-même et les autres avec respect. Un corps déconnecté est un corps séparé de la Source infinie, condamné à accepter ce qui « lui revient » au lieu de revendiquer ce qu'il veut vraiment dans la vie.

Or, nous ne pouvons pas être alignés physiquement, mentalement et spirituellement si nous ne mettons pas de l'ordre dans notre vie. Le chaos suit toujours le désordre. Voici donc un guide simple pour gérer votre alimentation et prendre conscience de ce dont votre corps a besoin pour fonctionner chaque jour avec énergie.

**Guide pour maîtriser votre alimentation et maintenir votre temple physique en ordre :**

1. Calculez la quantité de macronutriments dont vous avez besoin chaque jour (vous pouvez rechercher « macro *calculator* » sur Google). Vous saurez ainsi combien manger en fonction de votre objectif : maintenir votre poids, perdre du poids ou en prendre.

2. Utilisez une application telle que *MyFitnessPal* pour enregistrer vos macronutriments (lipides, protéines, glucides) et vos repas. Une balance de cuisine sera votre alliée : pesez les aliments, ajoutez-les à l'application et le tour est joué. Si vous préférez une autre application, peu importe : l'essentiel est d'enregistrer. Cela semble extrême, mais ce n'est pas le cas. La réalité est que vous

ne savez pas manger et que vous devez commencer à mettre de l'ordre dans votre vie. Finies les dérives.

3. Évitez les aliments à faible vibration qui déséquilibrent votre organisme : viandes rouges, volailles, poissons d', produits transformés, dérivés animaux, charcuteries, sucres, farines de blé ou de maïs, huiles raffinées, etc.

4. Vérifiez toujours ce que vous achetez au supermarché. C'est un piège pour les endormis. Ne laissez rien au hasard.

5. Privilégiez les aliments végétaux tels que les fruits, les légumes, les fruits secs, les germes. Et si vous souhaitez aller plus loin, explorez l'alimentation crudivégétalienne.

6. Réduisez le nombre de repas par jour. Essayez d'en prendre trois au maximum.

7. Faites des jeûnes à l'eau ou au thé de manière sporadique, ou pratiquez des jeûnes intermittents de 14 à 16 heures plusieurs fois par semaine pour purifier votre corps.

8. Osez des jeûnes plus longs : un jour, deux, trois ou plus. Écoutez votre corps et vos peurs, et faites-le toujours avec une intention claire pour élever votre objectif.

9. Ne mélangez pas trop les aliments. Ne combinez pas les fruits avec les féculents, ni les protéines avec les amidons. Ne surchargez pas votre assiette avec trop de groupes différents. Mangez simple : un groupe d'aliments à la fois.

10. Réduisez le nombre d'ingrédients par repas. Observez combien il y en a dans votre assiette et réduisez-les à 5

ou 7, l'idéal étant 3. Souvent, ces « méga salades saines » sont en réalité des bombes digestives.

N'oubliez pas : il ne s'agit pas de devenir parfait du jour au lendemain, mais d'élever votre fréquence un jour à la fois. Vous n'avez pas à tout faire tout de suite ; vous commencez tout juste à découvrir cela. Soyez patient. La vérité a un pouvoir implacable : une fois connue, elle ne peut plus être cachée. C'est comme si, une fois que vous avez retiré le bandeau et vu la réalité, même si vous décidez de le remettre, vous ne pouvez plus effacer ce que vous avez vu.

Passons maintenant au deuxième point pour parvenir à un alignement complet de votre Être.

**2. Le véhicule énergétique le plus élevé qui existe :**

Votre corps n'est pas seulement un véhicule physique, c'est une antenne qui reçoit, canalise et émet de l'énergie. Du moment où vous vous réveillez jusqu'à ce que vous vous endormiez, vous absorbez et projetez des fréquences.

Et il y a quelque chose que peu de gens comprennent : lorsque vous bougez votre corps, vous reconfigurez votre champ énergétique.

Pensez à la nature : rien dans l'univers n'est immobile. Les galaxies tournent, les rivières coulent, le vent souffle sans cesse. La vie est de l'énergie en mouvement. Et votre corps aussi.

Voici le point essentiel : le mouvement intentionnel renforce non seulement votre physique, mais synchronise également votre énergie avec des vibrations plus élevées.

C'est pourquoi, à partir de maintenant, vous allez vous entraîner pour transcender.

Vous ne le ferez pas pour améliorer votre apparence.

Vous ne le ferez pas pour améliorer vos performances.

Vous le ferez pour vous rappeler qui vous êtes.

Peu importe le sport que vous choisissez ; à partir de maintenant, tout ce que vous ferez partira de cette base : **l'esprit avant la matière.**

Chaque fois qu'il s'entraînera, son intention sera de libérer ses blocages, de lâcher prise sur ce qui ne lui appartient pas et de renouer avec son essence. Et pour y parvenir, son entraînement doit se faire en **pleine conscience.**

Lorsque vous vous entraînez, donnez tout ce que vous avez.

S'entraîner avec un corps endormi revient à prier sans foi. Si vous devez bouger, bougez avec intention.

À quoi ressemblera votre entraînement ?

Vous vous entraînerez deux fois par jour.

- **Première séance :** elle sera votre ancrage dans le présent. La structure physique qui rappellera à votre esprit qu'il est aux commandes. Faites-la le plus tôt possible : ce sera votre premier gain de la journée, votre premier investissement dans cette boule de pensées positives qui ne cessera de croître.

- **Deuxième séance :** ce sera votre portail énergétique. Elle ne servira pas à améliorer votre physique, mais à élever votre fréquence vibratoire. Vous la ferez lorsque vous vous sentirez déconnecté, fatigué ou pris dans des vibrations basses. Peu importe qu'elle dure cinq minutes ou une heure : ce qui compte, c'est qu'il s'agisse d'un acte de réajustement énergétique.

Chaque mouvement sera une affirmation.

Chaque respiration sera un nouveau départ.

Chaque goutte de sueur sera un blocage qui se libère.

La fréquence est essentielle.

Il y a quelques semaines à peine, j'ai battu un record personnel qui a repoussé mes limites. J'ai commencé, dans le simple but d'« élever ma vibration », à débloquer des capacités que je ne savais pas posséder. J'ai décidé de faire des pompes sur la chanson *Bring Sally Up*, un défi célèbre qui consiste à monter, descendre, tenir et remonter en suivant le rythme.

Au début, je n'arrivais pas à tenir les trois minutes et demie que dure la chanson, alors je me suis fixé comme objectif de le faire tous les jours. Deux semaines plus tard, j'ai réussi à enchaîner deux chansons. Oui, cela signifie que je suis passé de trois minutes à plus de six en quelques semaines.

On pourrait penser que je suis devenu plus fort physiquement grâce à la pratique quotidienne, mais en réalité, aucun jour n'a été plus facile ni moins douloureux. Chaque fois que je me jetais au sol pour faire des pompes, je devais surmonter mon envie d'arrêter. Et quand j'atteignais ma limite précédente, je me poussais un peu plus.

C'est à ce moment précis, lorsque vous pensez ne plus pouvoir continuer, lorsque tout en vous vous crie d'arrêter... que l'expansion se produit.

Beaucoup disent que les miracles n'existent pas. Je me dis :

> *« Les miracles ne s'attendent pas. Ils se créent lorsque vous changez votre façon de voir la réalité. »*

Lorsque vous cessez d'observer passivement la vie et que vous adoptez une attitude active de transformation, l'univers répond.

L'action insuffle la foi. Car la foi sans action est une foi morte.

### 3. Ce que fait un enfant de Dieu

Maintenant, nous avons enfin les bases pour être des enfants de Dieu et comprendre notre raison d'être en tant qu'êtres humains. Les points précédents ont été essentiels pour atteindre ce niveau de conscience, et c'est précisément l'application de ces points qui permet à beaucoup de faire l'expérience d' e richesse et d'abondance dans tous les domaines de leur vie. Ceux qui les ignorent se contentent de jouer en dessous de leur potentiel.

> *« Et n'oubliez pas ce principe sacré : donner et recevoir sont les deux pôles d'une même fréquence.*
>
> *Lorsque vous donnez en toute sincérité, vous recevrez inévitablement en abondance. Non pas parce que vous l'attendez, mais parce que vous harmonisez votre énergie avec la loi universelle de la circulation.*

*Ouvrez votre cœur pour recevoir de l'amour, de la reconnaissance, de l'argent, de la gratitude et tout ce que l'univers souhaite vous rendre pour votre service. »*

Celui qui ne vit pas pour servir n'est pas fait pour vivre.

Le but le plus profond de l'être humain est de donner. Servir, c'est permettre à l'énergie de la vie de circuler à travers vous sans résistance. Peu importe comment vous le faites, car la seule énergie qui ne s'épuise jamais est celle qui est donnée avec une intention pure.

Dans le livre *La Loi de l'Un*, Ra (l'être énergétique canalisé par les scientifiques) a révélé que l'évolution de l'âme se divise en deux voies : le service aux autres et le service à soi-même. Le premier mène à l'expansion et à l'unité avec la création. Le second mène à la stagnation et à la déconnexion. Plus vous servez, plus vous élevez votre fréquence, plus vous vous alignez sur la vérité et plus votre chemin devient léger.

David Hawkins, docteur et scientifique créateur de **la carte de la conscience**, a démontré que les émotions et les états intérieurs ont une vibration mesurable. Alors que la peur et l'apathie résonnent faiblement, l'amour et la paix vibrent fortement. Le service inconditionnel est la clé qui débloque ces fréquences. Car donner n'est pas seulement un acte : c'est un calibrage énergétique. Lorsque vous donnez sans rien attendre en retour, vous passez automatiquement à un niveau supérieur.

Réfléchissez-y un instant : quand vous êtes-vous senti le plus épanoui, le plus connecté à la vie, à l'amour et au don de soi ? Quand vous donnez ou quand vous recevez ?

Nous avons tous vécu ces deux expériences, mais nous avons tendance à nous tromper en croyant que notre travail consiste à recevoir, alors qu'en réalité, c'est l'effet naturel du don !

Nous vivons aujourd'hui une époque vraiment glorieuse. Beaucoup critiquent les réseaux sociaux en raison de la quantité de désinformation et de contenu vide qui y circule. Mais peu ont compris qu'ils peuvent devenir des moteurs de changement, en remplissant les algorithmes de vérité.

Si un message peut changer une vie, imaginez ce qu'il peut faire s'il touche des milliers de personnes. Pensez-y : si je n'avais pas traversé le processus fastidieux d'écrire ces lignes, de les publier et de vous les faire parvenir grâce à des stratégies de diffusion, vous ne seriez jamais en train de lire ces informations. Tout cela s'est produit parce que j'ai utilisé les réseaux sociaux dans un but bien plus important que le divertissement ou la distraction. Et c'est exactement ce que vous devriez faire maintenant.

Je sais que vous n'en mesurez peut-être pas encore l'ampleur, car nous avons souvent besoin du recul du temps pour regarder en arrière et confirmer les progrès accomplis. Mais je suis tellement convaincu qu'après avoir lu et appliqué cette vérité, votre vie changera radicalement, que je voudrais vous faire une suggestion en accord avec l'épanouissement de votre âme : **documentez votre transformation**.

Non pas par ego, mais dans l'intention d'inspirer les autres à vivre sans peur, à élever la voix et à défier l' u la programmation. Chaque fois que vous partagez votre vérité, vous invitez les autres à se souvenir de la leur.

*« C›est à leurs fruits que vous les reconnaîtrez. Cueille-t-on des raisins sur des épines, ou des figues sur des ronces ? »*

(Matthieu 7:16, Louis Segond 1910)

Ce que vous avez dans votre vie aujourd'hui est le résultat de votre passé. Et votre avenir sera le résultat de votre présent qui, grâce à ce contexte de vérité, sera bien plus élevé que vous ne pouvez l'imaginer aujourd'hui.

Le travail inconscient que ce livre accomplit en vous ne peut être mesuré par aucun des cinq sens, sauf par le sixième : celui qui est directement lié à Dieu. Pour l'activer, vous devez avoir confiance en ce que vous ne voyez pas encore. Ayez confiance en ces mots, en ce que ce que vous apprenez, ressentez et expérimentez a un sens supérieur. Car ce n'est pas un hasard si vous lisez ceci. Aucun.

> *« Pour que vous soyez en vie aujourd'hui, une série d'événements si improbables ont dû s'aligner qu'il semble absurde que cela se soit produit.*
>
> *Au cours des 12 dernières générations seulement, plus de 4 094 ancêtres directs ont dû se rencontrer, s'unir et se reproduire au moment exact. Si nous remontons à peine 1 000 ans en arrière, nous parlons de plus d'un million de personnes impliquées dans votre lignée directe.*
>
> *Ajoutez à cela le fait que la probabilité qu'un spermatozoïde spécifique féconde un ovule est de 1 sur 400 millions. Multiplié par chaque conception réussie dans votre lignée, cela donne une probabilité inférieure à 1 sur $10^{100000}$ (oui, un 1 suivi de cent mille zéros). Et cela sans compter les guerres, les épidémies, les fausses couches, les accidents, les décisions insignifiantes qui auraient pu tout changer.*

*Vous êtes là, et cela fait de vous un miracle statistique. Non pas par hasard, mais parce que votre existence devait se produire.*

Le fait que vous lisiez ceci ne signifie qu'une seule chose : vous avez défié toute logique de probabilité.

Honorons cela. Honorons l'unité et l'expansion de votre âme. En plus de documenter votre passé (sur le plan physique, mental et spirituel), si quelque chose dans ce livre vous a marqué, partagez-le. Ne gardez pas pour vous ce qui pourrait éveiller quelqu'un d'autre. Une histoire, un message, un message à la bonne personne au bon moment, ou même offrir ce livre à quelqu'un qui en ressent le besoin. L'information qui est partagée se propage, et par conséquent, l'Être qui la transmet aussi.

*« Chaque fois que vous donnez, vous pouvez recommencer. Chaque fois que vous servez quelqu'un d'autre, votre vie guérit et vous ne faites plus qu'un avec Dieu. »*

## 4. Le pouvoir de soutenir la vérité

Combien de fois avez-vous ressenti la vérité... puis l'avez-vous perdue ?

Beaucoup ont la chance de vivre des révélations, des moments de lucidité ou des éveils spirituels. Mais très peu parviennent à maintenir cette connexion divine. Et c'est exactement ce que vous apprendrez ici : à la maintenir et à la développer bien au-delà de ce que vous pensiez possible.

La vérité n'est pas seulement un instant de compréhension, c'est un mode de vie. Elle ne se ressent pas seulement, elle se vit à chaque instant. Et pour y parvenir, nous devons nous occuper de no t être dans le bon champ énergétique. Ce n'est pas compliqué, mais cela exige de développer quelque chose que vous avez peut-être gardé dans l'ombre : la **cohérence**.

Les habitudes ne sont pas seulement physiques. Il existe également des habitudes internes : **les habitudes de pensée.**

Pour élargir votre vie, améliorer chaque domaine et vivre en harmonie avec Dieu, il faut rester sur une fréquence élevée. Nous avons tous reçu le pouvoir de la pensée. Et je dis pouvoir parce qu'il fonctionne aussi bien dans le négatif que dans le positif. Cependant, comme vous le découvrirez, une pensée positive sera toujours beaucoup plus puissante qu'une pensée négative.

La routine que je vais vous présenter est simple, mais profonde. Et surtout, elle fonctionne. Vous n'avez pas besoin de réinventer la roue, il vous suffit de l'appliquer et de la tester par vous-même. L'information cesse d'être une théorie lorsqu'elle fait partie de votre vie.

*« Incarne la vérité et la vérité deviendra ton guide. »*

Ce que vous faites aujourd'hui construit votre avenir, tout comme votre présent a été façonné par ce que vous avez fait hier. Une vie ordonnée ne vous sauvera pas du chaos, mais elle vous rendra immunisé contre lui.

La plupart des gens se sentent perdus parce qu'ils n'ont pas de structure. Ils se lèvent à n'importe quelle heure, font n'importe quoi et, par conséquent, pensent n'importe quoi... ce qui les amène à obtenir n'importe quoi, sauf ce qu'ils désirent vraiment.

C'est pourquoi, si vous voulez jouer du côté actif de l'infini, vous devez vous engager pleinement. Vous trouverez ci-dessous une routine étape par étape pour mettre de l'ordre dans votre vie dès aujourd'hui.

Bien sûr, si vous n'avez jamais eu de structure auparavant, commencez doucement. Il ne s'agit pas d'imposer des horaires rigides, mais de créer une **colonne vertébrale** énergétique dans votre journée. Si vous vous sentez dépassé à l'idée de commencer d'un seul coup, commencez par un bloc : par exemple, vous lever tôt et vous entraîner. Ensuite, ajoutez la lecture. Et ainsi de suite, étape par étape.

**Exemple de routine énergétique alignée sur la Vérité :**

*Adaptez-la à votre étape. La vérité n'est pas une structure : c'est une fréquence que vous incarnez.*

Vivre en accord avec la Vérité ne signifie pas avoir un horaire strict, mais une présence soutenue tout au long de la journée. Il n'y a pas une seule routine correcte, mais il y a des actions qui élèvent, purifient et connectent. Vous trouverez ci-dessous une proposition pour organiser votre journée à partir du **côté Actif de l'Infini**, non pas à partir d'une exigence, mais à partir d'un engagement envers votre énergie.

Si cela vous aide, utilisez-la comme guide. Si vous êtes à une autre étape, ne prenez que ce qui vous résonne. L'important est d'aligner chaque jour votre corps, votre esprit et votre âme avec la Source.

### DEMAIN : Activation de l'Être

- **4h30 – 5h00** → Réveil conscient. Commencez votre journée sans distractions. Si cet horaire vous semble difficile à respecter aujourd'hui, adaptez-le progressivement. L'important n'est pas l'heure, mais l'action : se lever avec intention.

- **5 h** → Activité physique. Entraînez-vous. Peu importe la méthode : marche, musculation, yoga, u gymnastique suédoise. Faites bouger votre énergie. Vous avez deux options : soit vous passez directement à votre entraînement intense de la journée, soit vous commencez simplement par des exercices de mobilité et, plus tard dans la matinée, vous effectuez votre premier entraînement intense.

- **6 h 30** → Écriture + gratitude. Écrivez vos objectifs, déclarez votre intention, remerciez pour au moins trois choses. Rappelez-vous qui vous êtes. Essayez de le faire avec un stylo sur papier. Cela génère beaucoup plus de connexions neuronales que de le faire de manière numérique.

- **7 h** → Lecture consciente. Lisez un livre qui élargit votre perspective. Nourrissez votre esprit avant de vous exposer au monde extérieur. Consacrez au moins 30 minutes à une lecture inspirante et consciente.

### APRÈS-MIDI : Ancrage et service

- **12h00 - 14h00** → Alimentation consciente. Mangez en pleine conscience. Choisissez des aliments à haute vibration. Mâchez lentement. Écoutez votre corps.

- **15h00 - 17h00** → Service / Projet. Partagez, créez, servez. Ce créneau est idéal pour apporter votre vérité au monde.

- **16h00 - 18h00** → Deuxième mouvement. Cela peut être du cardio, des étirements, marcher pieds nus ou simplement danser. Libérez les tensions.

### NUIT : Intégration et contemplation

- **19h00** → Dîner léger et tôt. Privilégiez une bonne digestion pour dormir profondément. Ne dormez pas l'estomac lourd.

- **20h30** → Rituel de clôture. Éteignez le wifi. Mettez votre téléphone portable en mode avion. Lisez, écrivez, contemplez, méditez ou respirez simplement.

- **21h00** → Repos. La qualité de votre sommeil définit la qualité de votre perception. Abandonnez-vous au repos comme celui qui abandonne son âme à Dieu.

### Voici ce que je vous recommande :

Commencez par un bloc. Il s'agit peut-être simplement de vous lever plus tôt. Ou d'écrire une pensée. Ou d'éteindre le wifi avant de vous coucher. Une action soutenue vaut mieux qu'une routine parfaite abandonnée.

Il ne s'agit pas de contrôle. Il s'agit de s'aligner avec la Source et de se rappeler qui vous êtes, chaque jour.

« Si cette routine est si bonne, si puissante, pourquoi le système ne la recommande-t-il pas ? Pourquoi ne nous enseigne-t-on pas ces habitudes élevées dès notre plus jeune âge ? »

La réponse se trouve dans la question. Mais analysons-la :

**1. Parce que cette routine vous rend souverain.**

Un être humain qui se lève tôt de son plein gré, qui entraîne son corps, qui ordonne son énergie, qui pense par lui-même, qui est reconnaissant, qui lit, qui médite, qui contemple, qui partage sa vérité… est un être humain qui n'a pas besoin d'être gouverné de l'extérieur. Quelles limites pourrait-il avoir ? Quelles choses lui seraient impossibles ?

**2. Parce que cette routine désactive la peur.**

Une personne qui commence sa journée dans le calme, avec un but et une direction intérieure, n'a pas besoin de stimuli extérieurs pour se sentir vivante. S'il n'y a pas de peur, il n'y a pas de contrôle. S'il n'y a pas d'anxiété, il n'y a pas de consommation. S'il n'y a pas de chaos intérieur, il n'y a pas de dépendance au système.

**3. Parce que cette routine renforce la discipline spirituelle.**

Et cela la rend dangereuse pour le système. Car une personne disciplinée sur le plan spirituel détecte les pièges, anticipe les tromperies et ne négocie pas ses valeurs pour des raisons de commodité.

**4. Parce que cette routine révèle le jeu.**

Lorsque vous commencez à vivre ainsi, tout ce qui semblait « normal » auparavant commence à paraître absurde. Se coucher tard, regarder des émissions sans intérêt, se gaver de sucre, perdre son temps sur les réseaux sociaux, courir sans but, acheter sans raison… tout commence à s'effondrer. Et lorsque le personnage s'effondre, l'âme apparaît.

## 5. Parce que le système a besoin d'humains fonctionnels, pas éveillés.

On nous forme à être performants, pas à nous souvenir de qui nous sommes. On nous éduque à mieux travailler, pas à mieux vivre dans l' . On nous applaudit quand nous produisons, mais on nous fait taire quand nous remettons en question. Cette routine est le contraire : elle produit de la conscience, pas de la productivité. C'est pourquoi elle n'est pas enseignée.

> *« Parce que cette routine ne sert pas le système… elle le démantèle. Elle ne vous forme pas à vous soumettre au monde. Elle vous forme à vous soumettre à Dieu. »*

Il est important de souligner que la routine n'est pas une punition. C'est la structure qui soutient votre transformation. Lorsque vous faites de votre alignement une priorité, la croissance devient inévitable. Et sous ces petites actions, un effet « boule de neige » se met en place, qui vous amène à accomplir de grandes choses quand vous vous y attendez le moins… ou du moins, à écouter davantage Dieu, qui vous guidera vers elles.

**Points clés de cette routine :**

- Entraînez-vous deux fois par jour : une fois le matin et une fois l'après-midi, pour recalibrer votre énergie.

- Soyez conscient de ce que vous mangez. Simplifiez vos repas afin que manger soit un plaisir, et non une distraction.

- Partagez votre processus sur les réseaux sociaux. Non par ego, mais pour l'impact. Votre transformation inspire les autres à briser leur programmation. Votre marque personnelle est la ressource la plus précieuse dont vous disposez : utilisez-la.

- Écoutez-vous. La conscience est le filtre qui transforme le quotidien en sacré.

- Ne prenez pas votre petit-déjeuner immédiatement. Vous n'avez pas besoin de manger dès votre réveil. Attendez 10 h si vous préférez, et privilégiez les graisses et protéines saines ou les aliments purifiants pour votre premier repas.

- Éteignez vos appareils lorsque vous allez vous coucher ou mettez-les en mode avion.

- Désactivez le Wi-Fi lorsque vous ne l'utilisez pas.

- Désactivez le Bluetooth de votre téléphone si vous n'en avez pas besoin.

- Si vous utilisez des écouteurs sans fil, faites des pauses et laissez-les se reposer.

- Passez autant de temps que possible en contact avec la nature.

- Marchez entre 5 000 et 10 000 pas par jour. Non seulement cela renforce votre corps, mais cela clarifie également votre esprit et vous donne du recul.

Cette routine peut vous sembler inconfortable. Vous n'avez peut-être jamais eu une telle structure dans votre vie. Mais laissez-moi vous dire une chose : il est inutile de parler de vérités si, après avoir refermé ce livre, votre vie reste exactement la même.

Personne ne nous apprend à vivre. Nous ne venons pas au monde avec un mode d'emploi pour ce jeu. C'est pourquoi les habitudes alignées sur la grandeur sont la seule chose qui change vraiment la donne, tant sur le plan spirituel que pratique.

Ce que vous avez reçu dans cette première partie, ce sont littéralement les astuces qui vous permettront de jouer dans la cour des grands. Et je ne parle pas des astuces physiques, mais de celles qui comptent vraiment : les astuces spirituelles.

Vous savez déjà que c'est dans la dérive que se cache le diable. Alors pourquoi continuer à lui rendre hommage par le désordre ?

La seule vérité ne réside pas dans cette routine, mais dans la synchronisation parfaite entre votre Être, votre Faire et votre Avoir. Et cette routine vous entraîne à y parvenir.

Si vous ressentez encore une certaine résistance, posez-vous cette dernière question :

**Si je n'ai jamais été discipliné et que j'ai vécu au hasard, qu'ai-je à perdre à essayer une fois un mode de vie que je n'ai jamais essayé ?**

Nous voulons généralement changer, mais nous continuons à répéter les mêmes erreurs. Peu importe que vous ayez déjà réussi financièrement mais que vos relations soient un fiasco : vous avez besoin d'une routine. Peu importe que vous maîtrisiez votre physique mais que vous marchiez sans Dieu : vous avez besoin d'une routine. Si vous vous croyez spirituel parce que vous « comprenez », mais que votre compte en banque est vide, vous êtes celui qui a le plus besoin d'une routine d'alignement.

Ces actions vous rendront excellent dans tous les domaines, car lorsque vous faites une chose, vous faites absolument tout.

Vous avez désormais les habitudes élevées nécessaires pour aligner votre Être et vous mettre en phase avec Dieu. Mais je vous ai dit que l'important, c'étaient les **habitudes de pensée**. Alors, quelles sont ces habitudes ?

Il y a deux habitudes de pensée pour vivre éveillé et vivre la Vérité chaque jour : **la cohérence et la clarté**.

Vous obtenez la cohérence en maintenant cette routine chaque jour, sans excuses. C'est un engagement envers vous-même, une confiance si grande que rien sur terre ne peut vous la donner, car cela ne dépend que de vous pour la mettre en œuvre.

La clarté apparaît lorsque vous faites ce qui est inconfortable. En sortant de votre zone de confort, vous élargissez votre champ de possibilités, et à partir de cet espace élargi, vous commencez à voir des opportunités, à recevoir des révélations et à écouter plus attentivement Dieu, la voix de votre conscience et le Saint-Esprit.

Mais… si vous êtes très fatigué et que votre corps vous demande de vous reposer, devez-vous maintenir la même routine ?

Cette question est magnifique, car elle révèle deux des croyances limitantes les plus importantes qui régissent l'esprit humain :

1. Croire que nous sommes des êtres à l'énergie limitée qui se fatiguent et ont besoin de se reposer comme une obligation.

2. Croire que c'est le corps qui commande, alors qu'en réalité, il ne fait que suivre les ordres de l'esprit.

Vous voyez, chaque fois que vous ressentez de la fatigue, de l'épuisement ou du découragement, ce n'est pas le fruit du hasard ni un événement isolé. Ce n'est pas seulement parce que vous vous êtes entraîné intensément hier ou que vous avez couru plus de kilomètres. Au fond, cela est toujours lié à votre état énergétique, déterminé par vos pensées.

Être fatigué, épuisé, malade ou blessé est la conséquence d'une accumulation de pensées négatives. Et vouloir « se reposer » en sautant justement la routine qui élève le plus votre vibration revient en réalité à continuer d'investir dans la spirale des pensées négatives.

C'est pourquoi peu de gens parviennent à maintenir une routine. La plupart peuvent se lever un jour à 5 heures du matin, oui. Mais dès qu'un inconfort, un changement inattendu ou un événement extérieur apparaît, ils pensent immédiatement qu'ils doivent abandonner précisément ce qui les dérangeait le plus. Et la vérité est que cet inconfort était l'occasion parfaite pour confirmer la nouvelle identité qu'ils étaient en train de construire. C'était une épreuve, pas un signe d'abandon.

Pourquoi cela nous arrive-t-il ?

Parce que depuis notre enfance, on nous a conditionnés à associer la discipline à une obligation, et non à un épanouissement. On nous a t appris à nous lever tôt pour ne pas manquer l'école ou le travail, non par respect pour notre corps ou par dévotion pour notre âme, mais pour éviter une punition. Cette punition déguisée en « absence », « avertissement » ou « expulsion » a instauré la croyance que la discipline signifie une perte de liberté.

Et c'est l'un des conditionnements les plus destructeurs du système.

Car si vous croyez que la discipline vous emprisonne, vous ne pourrez jamais suivre une voie élevée. Vous reviendrez toujours au confort. Vous choisirez toujours la solution de facilité. Vous serez un esclave qui se croit libre simplement parce qu'il peut décider quelle série regarder ou quoi commander sur l'application de livraison de repas.

Et ainsi nous continuons : beaux et potelés, comme les pingouins de *Madagascar*. Sympathiques, adaptés… mais sans véritable souveraineté. Domestiqués à l'intérieur, mais rebelles à l'extérieur.

Beaucoup de ceux qui se qualifient de « spirituels » sont en réalité de faux spirituels : ils accumulent des connaissances, mais les appliquent très peu. Ils vivent remplis d'excuses pour justifier pourquoi la vie ne leur donne pas ce qu'ils disent vouloir, ou se réjouissent de « n'avoir besoin de rien », et bien sûr… l'univers ne leur donne rien de nouveau.

La routine que je vous propose est une norme, pas une obligation. Je vous suggère de la suivre pendant au moins 30 jours. Même si vous avez déjà une routine élevée ou si vous avez déjà essayé auparavant, ce n'est jamais pareil. Ce n'est que lorsque vous serez capable de maintenir une routine quotidienne — et maintenir signifie être au-dessus d'elle, pas en dessous — que vous pourrez la modeler.

Une erreur courante consiste à remettre en question avant d'agir. Cela ne fait que vous priver de l'expérience. Beaucoup doutent que cela fonctionne et n'essaient même pas. D'autres remettent en question dès le troisième jour et commencent à la modifier. C'est le diable qui frappe à la porte, attendant que vous lui ouvriez.

Restez ferme, non pas tant dans la routine elle-même, mais dans votre engagement. Tenez-vous-en à la vérité et vous verrez comment fonctionne votre système mental et comment vous pouvez l'utiliser pour créer une vie à la hauteur de vos aspirations les plus élevées.

> *« Si vous ne repoussez jamais vos limites, vous ne pourrez jamais vous développer au-delà de vos bases actuelles. »*

Ce sera inconfortable, oui. Mais vous découvrirez des parties de vous-même qui étaient endormies. Vous verrez votre ombre émerger, et vous aurez la force d'allumer la lumière.

> *« Prenez soin de vos pensées, car elles deviendront des mots.*
>
> *Faites attention à vos paroles, car elles deviendront des actions.*
>
> *Prenez soin de vos actions, car elles deviendront des habitudes.*
>
> *Prenez soin de vos habitudes, car elles deviendront votre caractère.*
>
> *Et surveillez votre caractère, car il deviendra votre destin. »*

## ÉTAPE 5 : L'ACTION INSPIRE LA FOI

Tout ce que vous lirez s'installera dans votre inconscient d'une manière que vous ne remarquerez même pas. Mais il y a quelque chose qui peut accélérer ce processus : l'action.

Votre vie peut changer, mais elle restera ordinaire si vous ne faites pas d'efforts supplémentaires. L'extraordinaire s'obtient en mettant d' us de vous-même. Et même si cela semble motivant, ce n'est pas seulement une belle phrase : dans le mot *attraction*, six lettres forment le mot *action*. Votre corps est vibration, et cette vibration fluctue selon l'usage ou le non-usage que vous en faites. Nous sommes des canaux énergétiques !

Donc, si vous voulez vous connecter à l'infini et garder la foi au quotidien, vous devez bouger. La routine que je vous propose est conçue pour que votre journée entière soit en mouvement et au service des autres. Plus vous utilisez votre corps, plus il est disponible. Plus vous agissez, plus vous pouvez agir.

Le système, en revanche, a créé des moutons qui préfèrent suivre les conventions plutôt que de réfléchir et de créer leur propre chemin. Comme tout est déjà « en place », il est plus facile de l'accepter, même si cela ne sert à rien. C'est ce mode de vie qui maintient 98 % de l'humanité à la dérive, tandis que les 2 % restants jouissent d'une grande richesse, y compris la paix de l'esprit.

Quand on ne bouge pas, on ne produit rien de différent. Je vous ai déjà parlé du système que nous avons tous ; ce que je ne vous avais pas dit, c'est comment briser les schémas limitants.

J'ai voulu attendre jusqu'à ce moment.

L'action disruptive est la clé pour mettre fin à un comportement ou à une pensée qui sabote votre système et le rend destructeur. Si l'action nous élève vers la foi, cette action doit être intense et alignée sur des principes de haute vibration. C'est pourquoi ces outils sont si puissants dans le jeu :

1. **Entraînements intenses.** Pousser votre esprit et votre corps à leurs limites avec des exercices exigeants éveille la gratitude, la foi et la connexion avec la Source infinie.

2. **Séances de gratitude.** Plus vous êtes reconnaissant, plus vous avez de place pour la gratitude. Lorsque vous le faites en groupe, la vibration peut atteindre des niveaux d'amour inconditionnel, l'une des fréquences les plus élevées de la conscience.

3. **Méditations ciblées.** La visualisation consciente, les yeux fermés, vous conduit à des états profonds de connexion avec Dieu.

4. **Respirations profondes et présentes.** Respirer consciemment à tout moment et en tout lieu vous ramène dans le présent, et la présence est le plus grand cadeau que nous ayons.

5. **Connexion avec la nature.** Marcher pieds nus, regarder le lever ou le coucher du soleil, se rendre au bord d'une rivière ou de la mer… tout ce qui vous relie à la terre vous rappelle l'ampleur de votre existence.

6. **Engagement envers la parole.** Les mots élevés génèrent une fréquence élevée. Ce que vous dites, vous le recevez.

7. **Musique à haute fréquence.** Nous sommes son, et ce que nous entendons a un impact direct sur chaque cellule de notre corps.

Ces éléments sont les moteurs directs d'une connexion irréfutable avec Dieu, d'une découverte naturelle de la vérité qui habite déjà votre Être et d'états de conscience plus élevés et permanents.

Aucun corps malade, aucun manque d'argent, aucun problème de couple ou d'objet ne peut freiner quelqu'un qui donne la priorité à des actions élevées à chaque instant de sa vie.

Dans mon livre *La única forma de conectar con tu Alma (La seule façon de se connecter à son âme)*, j'ai raconté comment j'ai guéri des fièvres intenses en moins de quatre heures, sans médicaments, et d'autres douleurs que j'ai ressenties ces dernières années, en utilisant uniquement le remède le plus puissant qui soit : la **conscience**.

Les êtres humains sous-estiment énormément l'ampleur de leur champ aurique ou champ électromagnétique. Ce faisant, nous oublions que nous sommes des êtres énergétiques dont le corps est en constante vibration. Parfois, nous vibrons haut, parfois bas, mais si nous apprenons à utiliser le monde à notre avantage, les états les plus bas — la honte, la culpabilité, la haine, la vengeance, la colère, la tristesse — et leurs conséquences — la pauvreté, la maladie, les jugements, les peurs — commencent à disparaître un à un.

Peut-être avez-vous déjà osé retirer votre bandeau, et chaque mot résonne dans vos cellules comme des lumières qui illuminent des espaces qui semblaient auparavant vides. Ou peut-être êtes-vous encore réticent à ces idées. Quoi qu'il en soit, ce n'est pas votre point final.

Nous suivons la linéarité du jeu : de A à B, de B à C. Une fois que vous aurez mis de l'ordre dans vos pensées et vos bases spirituelles, vous serez prêt à vivre des miracles, des sauts quantiques, des guérisons spontanées et, bien sûr, la Seule Vérité à chaque instant.

Ce que vous avez vu jusqu'à présent, bien qu'il contienne des lois universelles et des concepts spirituels avancés, est un processus logique et simple. Et, curieusement, il génère souvent des conflits chez ceux qui se considèrent comme « plus avancés spirituellement », car ils souffrent du syndrome du « *je sais déjà* ».

En réalité, personne ne peut manifester ce qu'il n'a pas encore complètement intégré.

Peut-être avez-vous déjà accompli beaucoup de choses : argent, corps, clarté, voire connexion avec Dieu. Et cela est précieux. Mais s'il y a un domaine de votre vie où la vérité ne s'exprime pas encore — une relation brisée, une dette, un symptôme physique, une incohérence — c'est parce que, dans ce domaine, il y a encore quelque chose à se rappeler.

Et à ce niveau, se souvenir n'est pas penser : c'est incarner.

C'est pourquoi, si vous n'avez pas 10 000 dollars sur votre compte aujourd'hui, c'est parce qu'il y a quelque chose dans le processus — interne ou externe — qui n'a pas encore été complètement intégré.

Si vos abdominaux ne sont pas encore dessinés, ce n'est pas à cause de votre génétique, mais parce qu'un aspect de votre alimentation, de votre approche ou de votre système de croyances ne correspond pas encore à cette réalité.

Si vous n'utilisez pas encore vos dons pour servir le monde, c'est parce que, à un certain niveau, vous ne les revendiquez pas encore pleinement.

Savoir, c'est pouvoir le vivre. Le reste n'est que connaissance non incarnée.

**Et la Vérité, lorsqu'elle s'incarne, se manifeste inévitablement.**

Ce syndrome du « je sais déjà » est ce qui complique le plus les choses, car il vous « comble » faussement. En croyant que vous savez déjà, vous ne laissez aucune place pour recevoir davantage d'informations ou intégrer de nouvelles connaissances. En d'autres termes : vous vous fermez.

C'est pourquoi, pour continuer et appliquer, vous devez accepter de ne pas savoir. Peu importe le nombre de concepts que vous avez ou le nombre de choses que vous avez accomplies : si vous lisez ces lignes, permettez-vous de repartir de zéro. Permettez-vous de ne pas savoir, si vous voulez vraiment qu'un changement profond s'opère en vous.

« Je sais seulement que je ne sais rien. » Telle est ma philosophie de vie. Et c'est ce qui m'a permis de me tenir sur les épaules des géants, de rester humble, de continuer à apprendre, à grandir et à me sentir heureux. Un être qui croit déjà tout savoir stagne, et celui qui stagne s'éloigne du bonheur.

Ce livre est une occasion d'augmenter votre dose d'humilité et de vous placer là où vous pouvez le plus grandir : à la place de l'élève.

Mon objectif est que, au fur et à mesure que nous avançons, vous acquériez de plus en plus de compréhension, d'alignement et d'outils simples et utiles pour que chacun de vos jours soit un jour de Vérité. Des jours où vous donnez le meilleur de vous-même, vivez en paix, vous sentez heureux et réalisez absolument tout ce que votre esprit peut concevoir.

Alors continuons à avancer. Vous avez déjà la routine complète pour vous aligner dans tous les domaines ; maintenant, nous allons recâbler un peu plus votre cerveau, créer de nouvelles connexions et commencer à jouer dans l'invisible... dans le réel.

## ÉTAPE 6 : LES PRINCIPES ÉLEVÉS DE LA MANIFESTATION

*« Appelez les choses qui ne sont pas comme si elles étaient, et vous les obtiendrez. » (Romains 4:17)*

Cette phrase biblique contient le fondement de tous les principes de manifestation. Beaucoup de gens parlent de la loi de l'attraction, de la loi de l'assomption ou de toute autre loi, sans savoir qu'en réalité, elles reposent toutes sur ceci : **appeler les choses comme si elles faisaient déjà partie de votre présent.**

Nommer et déclarer ce que vous désirez comme si vous le viviez déjà vous permet de l'attirer. Cela peut sembler intangible jusqu'à ce que cela se produise. Dernièrement, j'ai commencé à utiliser cette phrase pour attirer des situations et des choses dans ma vie, et cela fonctionne à merveille.

Peu importe la façon dont vous le dites, l'essentiel est toujours de l'affirmer au présent. Peu importe l'étiquette que nous lui donnons : le fait est que nous sommes les créateurs du monde dans lequel nous vivons, car le monde extérieur est le reflet de notre monde intérieur. Et comme vous le savez, ce monde intérieur est votre système de croyances.

C'est là que nous entrons dans des concepts tels que le **JE SUIS**, partagé dans les cultures ancestrales et réaffirmé dans *Un cours sur les miracles*, un livre canalisé qui transmet les enseignements de Dieu. On y dit : « Dieu est, et rien d'autre n'est. »

Qu'est-ce que cela signifie et quel est le rapport avec le JE SUIS pour vivre la vie que vous souhaitez ?

Cela signifie que toute autre forme de demande, de recherche ou de « vouloir obtenir » ne fait que vous éloigner de ce que vous désirez. Nous pensons que prier, c'est demander quelque chose à Dieu, mais en réalité, c'est la chose la plus ridicule et la plus ingrate que nous puissions faire dans ce jeu.

Demander à Dieu, c'est supposer qu'Il a quelque chose qu'Il ne veut pas vous donner, ou qu'Il ne peut pas vous donner. Si c'était le cas, pourquoi ne l'aurait-Il pas ?

C'est pourquoi tant de personnes échouent dans la manifestation : parce qu'elles prient ou appliquent les lois spirituelles à partir du mauvais endroit. Essayer d'influencer la matière à partir de la matière ne produit jamais de résultats extraordinaires. Nous influençons d'abord la matière à partir de l'esprit élevé, puis la matière s'adapte à ce que notre esprit parvient à voir. Il s'agit du principe « **croire pour voir** ».

C'est pourquoi nous nous sommes autant concentrés sur l'abandon des schémas de comportement et de pensée limitants, et sur l'intégration de nouveaux schémas : car il ne s'agit pas de demander ou de ne pas demander, mais **d'où vous le faites**.

Si vous demandez à partir du « je n'ai pas et j'ai besoin d'avoir », vous vous éloignez de ce que vous voulez. Aucune loi ne semble fonctionner, et Dieu semble ne pas vous écouter.

Mais si vous déclarez à partir du **Je Suis**, si vous appelez « ce qui n'est pas » comme si c'était déjà le cas, alors vous le faites à partir de la présence. Et c'est là que tout commence à se produire.

Quand Dieu dit « Je Suis », il ne parle ni du passé ni du futur. Il affirme qu'en dehors de l'Être, il n'y a rien d'autre. Il n'y a ni avant ni après, il n'y a ni là-bas ni ici. Il n'y a que ce qui est.

Cela peut sembler confus au début, mais c'est la racine que de nombreux courants spirituels déforment. Ils qualifient de «

spirituel » ce qui, en réalité, naît de l'ego, car cela implique qu'il y a quelque chose au-delà de Dieu. Mais ce n'est pas le cas.

C'est pourquoi l'union entre le « Je suis » et l'acte d'« appeler les choses qui ne sont pas comme si elles étaient » est si puissante. Ce n'est pas une technique, c'est un acte de vérité. Quand vous dites « Je suis santé » ou « Je suis abondance », vous ne mentez pas et vous ne faites pas semblant : vous reconnaissez que Dieu est, et qu'il n'y a rien d'autre. Que tout le reste n'est qu'illusion.

> *« C'est là le véritable fondement de la manifestation : ne pas attirer, ne pas demander, ne pas attendre. Être. »*

De grands scientifiques et écrivains ont approfondi pendant des décennies le pouvoir du présent, et tous arrivent toujours à la même conclusion : **le présent est la seule chose qui existe.**

Si le présent est la seule chose qui existe, *pourquoi s'obstiner à créer un avenir qui n'existe pas encore ?*

C'est là qu'intervient l'Être qui est maintenant ce qu'il veut être. Car ce qu'il imagine existe déjà comme réalité. Sinon, il ne serait même pas capable d'y penser. Ce que vous désirez, vous le désirez aussi. Ce que vous croyez pouvoir accomplir est déjà un fait.

Ce qui se passe — et c'est pourquoi la manifestation semble prendre du temps — c'est qu'on ne peut rien manifester sans foi, c'est-à-dire sans certitude et conviction de ce qu'on ne voit pas encore mais qu'on sait pouvoir réaliser.

Du point de vue de l'ego, il semble que vous ayez manifesté quelque chose parce qu'il a « fallu du temps » pour l'obtenir. Mais au fond, rien ne s'est passé en dehors du présent : au moment de la manifestation, ce qui se révèle n'est qu'un nouveau présent.

**« *La foi est donc la certitude de ce que l'on espère, la conviction de ce que l'on ne voit pas.* »** (*Hébreux 11:1*)

Pensez-y ainsi : vous avez commencé à lire ce livre il y a quelque temps, mais en réalité, vous n'êtes passé que d'un présent à un autre. Vous ne pouvez pas y échapper, même si vous le vouliez. Bien sûr, vous pouvez percevoir le passé et imaginer l'avenir, mais tout cela n'existe que dans votre esprit. Même ce que vous lirez dans la prochaine page n'existe pas encore ; il n'apparaîtra que comme un nouveau présent. Cela peut sembler fou, inutile ou difficile à comprendre, mais si vous n'entraînez pas votre esprit à « voir ce que vous ne voyez pas », vous n'obtiendrez jamais autre chose que ce que vous avez déjà. Car la foi, c'est voir ce que vous n'avez pas, et ce que les gourous de la manifestation appellent la manifestation se résume exactement à cela.

Le présent éternel et omniprésent est l'endroit où se trouve Dieu. Et c'est à partir de Dieu que la manifestation devient attraction. En partant du principe que tout est déjà là, tout ce que vous faites, c'est appeler les choses dans le présent en utilisant le Je Suis.

Prenons un exemple : en achetant ce livre, votre esprit a peut-être pensé quelque chose comme : « Je vais connaître la vérité » ou « *Je suis curieux, je vais le lire pour voir de quoi il s'agit* ».

Cette attitude, bien que sincère et louable, partait d'une attente : celle de trouver quelque chose en dehors de vous-même. Cette recherche nous éloigne souvent de notre propre jugement, car au lieu d'observer ce qui est, nous commençons à supposer ce qui devrait être. Et vivre à partir de suppositions ne vous rapproche pas de la Vérité : cela vous enferme dans des interprétations étrangères.

Si, au contraire, vous aviez utilisé le Je Suis au moment d'ouvrir ce livre, vous auriez affirmé : « Je connais la Vérité, car Je Suis la Vérité ». Cette affirmation n'est pas de l'arrogance, c'est de l'alignement. C'est une déclaration vibratoire qui vous place au-dessus du désir et vous connecte directement à la Source. Car en l'affirmant au présent, vous appelez ce qui n'est pas encore visible comme si c'était déjà là, et c'est exactement ce qui active la manifestation réelle : le souvenir de l'éternel dans le présent.

Appliquez maintenant cela à n'importe quelle situation de votre vie. Et soyez attentif : le Diable posera toujours des pièges dans les moindres détails de ce jeu. Lorsque vous voudrez appeler quelque chose qui n'est pas comme si c'était, il pourra vous murmurer que « ce n'est pas réel, donc cela n'a pas de pouvoir ». Mais demandez-vous : qui essaie de gagner du pouvoir en vous disant cela ? Exactement : le Diable lui-même.

Le Je Suis est le salut, car le Je Suis est l'unicité absolue avec vous-même, avec les autres et avec Dieu à chaque instant. Lorsque vous accédez à cette connexion avec la Source Divine et Infinie, votre vie est régie par des principes élevés. Et alors, la manifestation cesse d'être un problème, car vous comprenez que si Dieu est et rien d'autre n'est, alors vous avez toujours tout ce dont vous avez besoin, car tout *Est Déjà*.

Nous continuerons à avancer pour que vous ayez un guide précis de l'importance de cela. Car plus qu'un cours sur la manifestation, la Vérité est un fait. Si vous comprenez finalement quelque chose, ce doit être ceci : vous êtes un créateur en marche. Tout ce que vous attirez — que cela vous plaise ou non — est venu par votre niveau de fréquence. Votre énergie attire ou repousse ce dont vous avez besoin pour votre processus évolutif. Le problème n'est pas le manque de pouvoir, mais notre ignorance innocente de cette réalité si puissante.

> *« Tout comme vous pouvez créer dans votre vie ce que vous voulez, vous pouvez également changer tout ce que vous souhaitez. Rien n'est permanent, sauf le changement. »*

Mais comment faire pour changer une situation dans notre vie ? La réponse est simple : si tout répond à notre état de fréquence — créé par nos pensées prédominantes —, ce que nous devons faire, c'est changer ces pensées, passer du côté actif et... élever notre niveau de conscience.

Avant de nous plonger dans ce domaine intangible, je vous propose un résumé clair sur l'attraction et la répulsion de ce que vous désirez, afin qu'à partir de maintenant, vous n'ayez plus à continuer à chercher la vérité à l'extérieur et que vous commenciez à vivre en tant que créateur de circonstances, et non en tant que victime de celles-ci.

Étapes précises pour attirer dans votre vie ce que vous désirez et transformer n'importe quelle situation :

1. **Définissez ce que vous voulez.** Prenez cinq minutes pour dresser une liste de ce que vous désirez le plus et imaginez qu'il est impossible d'échouer dans votre tentative de l'obtenir.

2. Évaluez votre liste. Lisez-la et notez chaque désir de 1 à 10 en fonction de votre conviction réelle de pouvoir l'atteindre dans un délai de six mois. 1 représente « je ne pense pas pouvoir y arriver » et 10 « je suis convaincu de pouvoir y arriver ».

3. **Filtrez vos priorités.** Concentrez-vous uniquement sur les souhaits notés 8, 9 ou 10. Écartez les autres pour l'instant, ce n'est pas encore le moment.

4. Élaborez un plan. Tracez un chemin qui, selon vous, vous rapprochera de ces objectifs.

5. **Visualisez chaque jour.** Passez en revue vos objectifs en vous imaginant comme si vous les aviez déjà atteints et soyez reconnaissant pour ceux-ci.

Un signe clair que vous êtes au bon niveau de vibration est que vous sentez vraiment que vous y arrivez. Vous vous sentirez joyeux, épanoui, accompli. Si ce n'est pas le cas, cela signifie que votre conviction n'était pas à 8, 9 ou 10 sur l'échelle, et vous devrez repenser vos objectifs.

Je sais que beaucoup enseignent à rêver en grand, et je trouve cela précieux : vous devez le faire. Je m'entraîne moi-même constamment à diriger mon esprit vers des objectifs qui semblent aujourd'hui impensables, mais je le fais comme un **exercice d'expansion**. Si vous vous contentez de rêver à des choses qui vous semblent trop lointaines, vous ne ferez que les éloigner davantage. Cet exercice vous aide à reconnaître vos limites actuelles, mais il vous pousse également à vous développer petit à petit, en renforçant votre confiance dans cette puissante ressource et dans cette vérité fondamentale.

Lorsque j'ai découvert le documentaire *Le Secret* et son enseignement sur la loi de l'attraction, j'ai réalisé que cela fonctionnait parfois et parfois non. C'était frustrant de sentir que je n'appartenais pas à ce groupe de personnes qui parvenaient à attirer ce qu'elles désiraient. Après plusieurs années d'application de cette technique, je peux vous assurer qu'elle fonctionne à 100 %. La différence réside dans le niveau de conscience : à partir d'un état inférieur, notre esprit reste dualiste et s'accroche à la chair, à la forme et aux processus linéaires de A, B et C, ce qui nous fait croire que la possibilité de manifestation ou d'attraction ne fonctionne pas, et là où il y a doute, il y a peur, et là où il y a peur, il n'y a pas de foi. Et sans foi... il n'y a pas de manifestation.

Je vous invite maintenant à entraîner une partie de votre esprit avec le même engagement que celui que l'on met dans son sport favori lorsqu'on veut devenir vraiment bon. Il ne s'agit pas d'essayer, il s'agit de décider. Il s'agit d'un processus d'éducation, de transformation et d'expansion qui deviendra de plus en plus quantique. Et même si cela en a l'air, ce n'est ni de la magie ni du hasard : cela fonctionne quand vous le faites fonctionner. Plus vous le pratiquerez, plus vous constaterez que cela fonctionne toujours. Mais si vous vous arrêtez à mi-chemin, ne vous attendez pas à des changements complets.

Pour que vous ne viviez pas la même chose que moi lorsque j'ai découvert cela, je veux vous enseigner quelque chose de puissant et de subtil, mais d'essentiel : le principe qui sous-tend tout ce processus d'Être et d'attirer dans votre vie exactement ce que vous désirez. Et souvenez-vous, je ne vous l'enseigne pas parce qu'il s'agit d'un « livre sur la manifestation », mais parce que **la vérité de l'existence est l'énergie, la fréquence et la vibration**, et que l'apprentissage de ces principes est ce qui aurait dû nous être enseigné à tous dès notre plus jeune âge. 1 % des gens les utilisent et en ont conscience depuis des générations, et il est maintenant temps que vous accordiez à ces informations le respect qu'elles méritent. On nous a enseigné beaucoup de choses, mais pas à réfléchir et à discerner la vérité. Et la vérité, cher lecteur, est spirituelle. Donc, si vous ne commencez pas à vous familiariser avec ce que vous ne voyez pas, vous serez toujours un pas derrière ceux qui évoluent dans le monde de l'exponentiel.

## ÉTAPE 7 : ÉLEVER LE NIVEAU DE CONSCIENCE

Vous ne pouvez pas vous attendre à ce qu'une seule phrase transforme votre vie pour toujours. Pour que nos bases soient solides, claires et élevées, nous devons nous engager à élever notre niveau de conscience et, par conséquent, notre état de fréquence.

Vous voyez, tout dans l'univers tangible est énergie, et l'énergie vibre. Les êtres humains sont des canaux directs de cette énergie, c'est pourquoi votre corps est si important. À ce stade, vous apprendrez à l'utiliser au maximum comme canal de la Divinité et comme source inépuisable d'énergie. Vous allez éradiquer le concept de « fatigue » de votre esprit, car, comme vous l'avez compris quelques pages plus haut, il n'est pas réel. Mais comment puis-je en être si sûr ?

Pendant des décennies, le docteur David R. Hawkins a étudié les niveaux de conscience humaine et a créé la **Carte de la Conscience**, un guide précis pour identifier où vous en êtes et où vous pouvez aller.

La carte est la suivante :

| Niveau | Calibrage | Émotion | Vision de la vie |
|---|---|---|---|
| Illumination | 700-1000 | Ineffable | C'est |
| Paix | 600 | Bonheur | Parfaite |
| Joie | 540 | Sérénité | Complète |
| Amour | 500 | Vénération | Bienveillante |
| Raison | 400 | Compréhension | Significative |
| Acceptation | 350 | Pardon | Harmonieuse |
| Enthousiasme | 310 | Optimisme | Espoir |
| Neutralité | 250 | Confiance | Satisfaisante |
| Courage | 200 | Affirmation | Consentement |
| Fierté | 175 | Mépris | Exigeant |
| Colère | 150 | Haine | Antagoniste |
| Désir | 125 | Aspiration | Décevant |
| Peur | 100 | Anxiété | Effrayant |
| Pitié | 75 | Repentir | Tragique |
| Apathie | 50 | Désespoir | Désespérant |
| Culpabilité | 30 | Culpabilité | Malveillante |
| Honte | 20 | Humiliation | Misérable |

Comme vous pouvez le constater, les niveaux inférieurs à 200 correspondent aux états vibratoires les plus bas et ont tendance à détruire la vie. En fait, en dessous de 20, une personne est très proche de la mort.

En revanche, à partir de 200, l'être humain commence à avoir une vision plus positive et plus expansive de la vie. À partir de ces états, le corps et l'esprit s'alignent de plus en plus et acquièrent une vision plus harmonieuse de Dieu et de l'existence.

Il est essentiel de comprendre que **notre fréquence fluctue constamment**. Aucun jour ne sera identique au précédent, et nous ne pouvons pas contrôler que demain tout soit identique. Le véritable pouvoir humain réside dans le **choix conscient de nos ressources** — comme celles que vous avez déjà vues — et, surtout, dans l'exercice de ce grand pouvoir que nous n'utilisons presque jamais : **choisir**.

Personne de sensé ne choisirait consciemment de vivre dans la souffrance, la peur, la culpabilité ou la honte. Alors pourquoi habitons-nous si souvent ces états ?

La réponse est simple : parce que nous n'avons souvent pas suffisamment de conscience pour discerner entre la voix de l'ego (le « diable ») et la voix de la vérité (Dieu). Une personne qui ne fait pas la distinction entre les pensées élevées et les pensées négatives finit par vivre ce qui « lui revient », et cela est souvent tout sauf ce qu'elle voulait vraiment. En se contentant de ce qu'il y a, elle cesse de demander, et comme elle ne demande pas et n'a pas la foi, elle ne reçoit rien.

Nous tombons souvent dans des états de basse fréquence parce que nous ne prenons pas la vie avec le sérieux qu'elle mérite. Nous tenons pour acquis l'essentiel : être en vie, respirer, avoir un corps, penser, parler. En tenant cela pour acquis, nous oublions la vie elle-même.

Avez-vous remarqué que ceux qui sont généralement les plus connectés à la divinité sont ceux qui vivent entourés d' u de la nature — dans les montagnes, les forêts, les rivières ou les plages — ? Pourquoi cela ? Parce que leur environnement est imprégné de pureté, de grandeur et de vie, et que cette normalité se transforme en paix intérieure. Cela ne signifie pas que vous devez immédiatement déménager dans un environnement naturel, mais que vous devez comprendre que **ce que vous normalisez dans votre vie extérieure modifie tout votre monde intérieur.**

> *« Si vous normalisez la douleur et la souffrance, c'est ce que vous recevrez. Si vous normalisez la maladie, c'est ce que vous recevrez. Si vous normalisez la richesse et la paix, c'est ce que vous recevrez. »*

Vous attirez toujours ce qui vibre en vous. Même les situations inconfortables ou les personnes que vous ne supportez pas, mais qui apparaissent chaque jour, sont là parce qu'elles résonnent avec votre champ. Tout est créé par vous et pour vous. Et lorsque vous commencez à réfléchir à cela, le voile commence à tomber de lui-même. Vous n'avez pas besoin de l'arracher ; la lumière dissout peu à peu l'obscurité.

La carte de la conscience est un outil pratique qui vous permet d'établir un point de départ dans votre vie quotidienne. Familiarisez-vous avec elle et utilisez-la pour normaliser les états d'u élevés, en vous rappelant toujours que la culpabilité, l'apathie ou la peur ne sont jamais des terrains fertiles. Quoi que vous fassiez, faites-le avec une intention aimante et élevée.

À tout niveau inférieur à 200, l'un des catalyseurs les plus puissants pour s'élever est le pardon. Tout ce qui vous dérange, vous embarrasse, vous rend coupable ou tout autre fardeau que vous portez peut se dissoudre en un seul instant de compréhension et de pardon.

Contrairement à ce que nous ont enseigné de nombreuses religions, le véritable pardon n'est pas celui qui « efface les péchés », mais celui qui dissout la croyance que le conflit que vous avez vécu était réel. Si nous comprenons le « péché » comme ce conflit qui a généré de la culpabilité et le besoin de demander pardon, alors ce dont nous avons vraiment besoin, ce n'est pas de le porter, mais de le transcender. Dans mon livre *Conoce el único principio* (Connaissez le seul principe), j'approfondis ce sujet, car si nous faisons quelque chose de peu noble et, au lieu de l'accepter et d'en tirer des leçons, nous sombrons dans la culpabilité, non seulement nous ne grandissons pas, mais nous faisons chuter notre vibration au plus bas.

Maintenant, si vous observez attentivement la carte, vous remarquerez que même la colère joue un rôle important, car elle vibre à un niveau plus élevé que des états tels que la peur ou l'apathie, d' . C'est pourquoi aucun de ces états de conscience ne doit être qualifié de « bon » ou de « mauvais ». C'est une carte, et une carte n'est pas morale : c'est simplement un guide qui nous aide à prendre du recul et à faire des choix. Vous pouvez choisir dans quel état vibrer.

Et même si vous vous retrouvez souvent dans des fréquences basses, vous savez désormais qu'il existe d'autres possibilités. Et ce simple rappel est déjà révolutionnaire.

À mesure que votre engagement grandira, votre conscience grandira également. Cela fera monter votre fréquence et votre vibration sur la carte, vous rapprochant de plus en plus de Dieu et, en même temps, de vos rêves.

N'oubliez pas : ce que vous voulez vous veut aussi. Mais pour accepter cette idée, il faut entrer dans des états d'unité et non de séparation. Pour comprendre que ce que vous désirez vous désire aussi, vous devez d'abord apprendre à vous aimer, à traiter les autres avec amour et à mettre Dieu dans l'équation de votre vie.

## ÉTAPE 8 : ACQUÉRIR LE SEUL BUT NÉCESSAIRE

Pour pouvoir avancer avec une certitude absolue, nous devons avancer avec Dieu. Il n'y a pas d'autre solution. Je vais être catégorique sur ce point, car je veux que vous cessiez de vous laisser détourner par des messages qui n'ont servi qu'à vous embrouiller.

Écoutez, nous ne savons pas exactement ce qui nous maintient en vie, mais nous savons clairement que nous ne contrôlons ni notre vie ni notre mort. Être en vie n'est ni un acte fortuit ni causal : c'est synchrone, parfait et inexplicable.

Aujourd'hui, vous allez vous endormir et demain, vous vous réveillerez sans vous souvenir du moment exact où vous vous êtes endormi. Mais un jour, cela n'arrivera plus. Et ce n'est pas grave. Ce qui importe vraiment, c'est ce fait : **vous êtes en vie aujourd'hui.**

Les humains tombent tout le temps dans le piège de croire que « je le ferai plus tard » est réel, que « plus tard » existe, que l'avenir est garanti. Et c'est ce que je veux vous éviter, non pas parce que c'est « dangereux », mais parce que c'est justement cette façon de penser qui vous prive de la possibilité de vivre maintenant. Beaucoup ont peur de la mort, mais ils ne se rendent pas compte qu'ils ne vivent pas dans le présent précisément à cause de cette peur. Et cela devrait être la définition correcte et e de la « mort » : vivre dans un espace-temps qui n'existe pas maintenant.

Si vous parvenez à avancer sans hésitation, vous arriverez à ce que nous voulons tous, au fond : vivre. Et vivre n'est pas une question d'endroit où vous vous trouvez, de personnes qui vous entourent, de ce que vous faites ou de ce que vous possédez. Vivre est un état intérieur. Soit vous vous sentez vivant, soit vous ne vous sentez pas vivant. Un esprit inquiet ne peut pas se sentir vivant. Un esprit rempli de peur ne peut pas se sentir vivant. Pour déborder d'états élevés — pour habiter des niveaux de conscience élevés — votre objectif doit être clair, précis et aligné sur un bien supérieur : aligné sur Dieu. Et que veut Dieu ? La même chose que vous !

Beaucoup de gens attendent des moments d'adversité ou de catastrophe pour se tourner vers Dieu et se connecter à l'inexplicable. Mais vous n'avez pas besoin d'attendre qu'un conflit survienne. Il est beaucoup plus puissant de choisir la Vérité lorsque tout va bien que lorsque tout va mal.

« Jésus lui dit : Parce que tu m'as vu, Thomas, tu as cru ; heureux ceux qui n'ont pas vu et qui ont cru. » *(Jean 20:29)*

L'infini se trouve dans le présent, dans cet espace qui crée tout et qui, paradoxalement, semble vide.

Par sa présence, Dieu ne fait qu'un avec vous et avec tous les êtres qui peuplent la terre. Pour vous rapprocher de cette union, vous devez vous consacrer sans réserve à votre objectif, en écartant toute distraction ou tout doute qui pourrait vous en empêcher. Curieusement, très peu de gens sont prêts à le faire. Pourquoi ? Parce qu'il est plus facile de se laisser aller au confort. Mais vivre dans un but précis, ce n'est pas vivre anesthésié, drogué, avec des vices ou en fuyant la réalité. Ce n'est pas vivre : c'est survivre, ce qui revient à dire que vous avez livré votre vie au diable, parce que vous avez choisi le conformisme plutôt que la responsabilité d'entrer dans le côté positif de la vie et de réaliser vos désirs.

Cela semble être un simple jeu de mots, mais c'est en réalité la seule vérité sur la vie. Vous cherchez « la cinquième patte du chat » pour apaiser un ego qui croit qu'« il doit y avoir autre chose ». Et non, il ne doit y avoir rien d'autre que ce qui existe déjà. Car c'est la seule chose qui existe et la seule chose qui existera.

Souvenez-vous : ***Dieu est, et rien d'autre n'est.*** Il en va de même pour votre vie : **votre vie est, et rien d'autre n'est.**

La question est : quelle vie choisissez-vous pour vous-même ?

Comprenez ceci : tout ce que vous voulez qui soit différent de ce que vous avez déjà vous mènera directement à la souffrance, car cela vous éloigne de Dieu. En revanche, reconnaître et apprécier tout ce que vous avez déjà vous rapproche de Dieu, car cela vous aligne sur la fréquence de la gratitude, qui dit : « **tout m'a déjà été donné** ».

Vous avez un tel degré de libre arbitre que vous pouvez choisir la vie que vous allez vivre : une vie de souffrance ou une vie de gratitude constante. Et même si cela semble radical, ce n'est pas le cas, loin de là. Dans un avion, il peut y avoir des turbulences, mais cela ne signifie pas que vous devez perdre votre paix intérieure... sauf si vous continuez à croire que vous n'êtes que votre corps.

La résistance naturelle à ce type d'affirmations est souvent liée à l'impulsion de l'ego qui nous rappelle continuellement que nous sommes lui. Comme il est étroitement lié au corps et à tout ce qu'il croit posséder, tout ce qui échappe à son contrôle déclenche toutes les alarmes de son système. L'ego ne veut pas mourir ; ou bien il recherche la mort comme une libération. Son plus grand problème, comme vous le remarquerez, est qu'il croit qu'il y a des problèmes. Il croit qu'être en vie est douloureux et que ne pas l'être le serait également. Au lieu de jouer dans la dualité, il croit qu'il est la dualité.

La télévision et les réseaux sociaux sont aujourd'hui les principaux canaux de programmation mentale. Ils ne cesseront peut-être jamais de promouvoir la peur, la division et la dépendance. Mais vous pouvez choisir : ne pas consommer ce contenu, ne plus suivre les comptes qui vous vident de votre énergie, désactiver les algorithmes qui vous hypnotisent ou même supprimer les applications qui vous maintiennent prisonnier.

La télévision peut être éteinte. Le téléphone portable aussi.

Netflix ne cessera peut-être jamais de proposer des films d'horreur, mais vous pouvez choisir de ne pas payer Netflix ou simplement de ne pas les regarder.

Les vaccins continueront peut-être d'être utilisés comme outils de manipulation, mais vous pouvez choisir de ne pas vous faire vacciner, ou de le faire en toute conscience et avec amour.

Ceux qui gouvernent continueront peut-être à faire valoir leurs propres intérêts plutôt que ceux de la population, mais vous pouvez commencer à faire valoir les vôtres et le bien commun de ceux qui vous entourent.

La vie n'est peut-être pas « juste », mais vous pouvez vivre en paix.

La mort est peut-être inévitable, mais pour l'instant, vous êtes en vie.

Si quelque chose renferme la vérité, c'est bien la compréhension. Comprendre que le seul chemin vers l'amour est d'intégrer le jeu dans lequel nous sommes. Craindre ce qui va arriver, ce n'est pas être vivant, c'est se sentir séparé de la vie. Et c'est cette séparation qui, petit à petit, vous éloigne de Dieu, de vos rêves et de la vie que vous méritez vraiment.

> *« Rien dans la vie n'a le pouvoir de vous nuire, car vous n'êtes pas quelque chose qui peut être blessé. Rappelez-vous : vous avez un corps, mais vous n'êtes pas ce corps. »*

## STOP 9 : VIVRE EN ALIGNEMENT ABSOLU

Beaucoup pensent qu'acquérir des biens matériels est mal, alors qu'en réalité, la seule chose « mal » est le jugement qui qualifie quelque chose de bon ou de mauvais. La vie des autres fait partie de votre projection inconsciente. Ce que vous voyez chez les autres reflète quelque chose dont vous avez besoin pour votre propre cheminement : pour apprendre, intégrer ou découvrir quelque chose que vous ne pouviez pas voir auparavant . Oui, cela peut être difficile à accepter. Mais je vous dis en face qu'il n'existe pas d'« autre » que vous qualifiez de partenaire, d'ami, de mère, de père, etc. Tout dans cette vie conspire en votre faveur, même si cette faveur est camouflée par la leçon la plus grande et la plus importante de votre vie.

Avec la seule Vérité, je ne vous dirai jamais de ne rien posséder. Ce que je vous rappellerai toujours, c'est que tout ce que vous « possédez » ne vous appartient pas réellement : vous ne faites que le gérer. Il est vrai que vous pouvez acheter des choses, avoir un partenaire, des amis, une famille ou des animaux de compagnie. Et il est tout aussi vrai que, à un niveau plus profond, vous n'avez rien de tout cela.

Plus il progresse dans son développement intérieur et dans sa connexion avec Dieu, plus il comprend que les choses du monde sont des outils : elles lui servent à équilibrer le détachement et les attachements. Peu à peu, elles perdent le poids qu'elles avaient au début, mais il se permet quand même de les utiliser et d'en profiter parce qu'il est tout simplement vivant.

Certains décident de ne rien acheter et se détournent complètement du capitalisme, comme beaucoup de yogis. Néanmoins, s'ils restent en vie, ils consomment de l'eau ou de la nourriture, même s'ils le font en pleine conscience. Les aliments, aussi élevés soient-ils, appartiennent à l'échelle pragmatique.

Ils n'ont pas de conscience, c'est pourquoi ils ne sont pas très importants en soi. Leur rôle n'est pas de vous mener à l'illumination, mais de ne pas y interférer.

Manger en pleine conscience élève davantage votre énergie que n'importe quel ingrédient en soi. Un aliment peut être pur, mais s'il est consommé par attachement, par peur ou par désordre, sa fréquence diminue.

Son but est autre : soutenir votre corps, éviter les distractions et accompagner votre objectif, pas le remplacer.

Quel que soit le chemin que vous choisissez, rappelez-vous toujours de le faire dans l'intégration et non dans la séparation. Même si vous êtes proche de Dieu, même si vous êtes conscient, si votre objectif est de donner et de partager, utiliser les choses du monde ne devrait pas vous causer de conflit.

D'après mon expérience personnelle, je n'ai pas choisi la voie de l'isolement ni celle du minimalisme extrême, mais pas non plus celle de l'accumulation. Comme vous le savez peut-être déjà, je partage ma vie sur les réseaux sociaux : les choses que je lâche et celles que je choisis, les lieux où je vis et les enseignements que j'intègre en cours de route.

Ce partage n'est pas fortuit : il fait partie de mon objectif. À travers ces contenus, j'inspire d'autres personnes à se remettre en question, à s'éveiller, à agir avec plus de conscience.

Oui, cela me rapporte également des revenus. Des milliers de dollars qui sont la conséquence directe d'une vie cohérente, de l'écriture de livres qui éveillent les consciences, de la création de communautés et de produits en accord avec ce que j'enseigne.

Au début, intégrer cela a été difficile pour moi. Accepter que j'allais devenir un auteur reconnu et millionnaire, et qu'une partie de mon objectif serait de tout montrer — le matériel, le spirituel, le simple et le luxueux — a été un défi. Dans le monde, il y a beaucoup de rejet envers ceux qui parviennent à vivre de ce qu'ils aiment, car beaucoup pensent qu'ils ne peuvent pas le faire. C'est facile à dire, mais quand on le vit, on comprend que le montrer est aussi un acte de service : parce que cela prouve que c'est possible.

Il y a quelque temps, j'ai visité un temple bouddhiste en Uruguay où j'ai compris quelque chose qui m'a profondément marqué :

> *« Un véritable maître est celui qui s'illumine, mais qui descend dans le monde pour illuminer les autres. »*

À quoi servent tant de connaissances ou une manière de vivre élevée si elles ne servent à personne d'autre ? On dit que l'on trouve le bonheur en aidant les autres à le trouver, et avec le temps, je confirme de plus en plus que c'est vrai.

Bien sûr, la vérité peut être inconfortable et choisir d'éclairer peut attirer plusieurs « petits insectes » qui vous attaquent — après tout, ils vont toujours vers la lampe allumée. Mais malgré cela, le chemin de la vérité est celui que tout être humain mérite de vivre. **Vous méritez de vivre avec Dieu.**

Maintenant, comment pouvons-nous vivre en parfaite harmonie, en restant fidèles à notre vérité et en nous sentant proches de Dieu ?

1. **En sachant clairement ce que vous voulez.** Définissez précisément ce que vous désirez et avancez chaque jour en cohérence avec cette vérité.

2. **En étant intègre.** Lorsque nous rejetons les autres ou que nous nous éloignons de ce qui nous cause des conflits, nous ne faisons que retarder notre processus d'évolution.

3. **En éclairant les autres sur le chemin.** Avancez spirituellement à pas de géant, mais n'oubliez pas de revenir en arrière pour partager.

Je voudrais m'attarder un peu sur ce dernier point avant de passer à la découverte de la matrice.

Chaque fois que vous accumulez trop de choses matérielles (objets, nourriture, relations), vous risquez de vous déconnecter du spirituel. C'est pourquoi l'investissement que vous faites dans votre Être est crucial : il vous permet de toujours rester au-dessus du matériel.

Qu'est-ce que cela signifie d'investir dans le Soi ?

Investir dans le Soi, c'est consacrer des ressources — du temps, de l'énergie, de l'argent et de l'attention — à ce qui vous épanouit intérieurement. C'est choisir le silence plutôt que le bruit. C'est payer un mentorat plutôt que d'acheter quelque chose dont vous n'avez pas besoin. C'est cesser de se laisser distraire par les écrans pour se tourner vers l'intérieur ou se mettre à étudier un bon livre. C'est semer dans l'éternel et pas seulement dans l'immédiat.

Investir dans l'Être n'apporte pas toujours un retour immédiat, mais cela transforme en profondeur tout ce que vous Êtes, et donc tout ce que vous Possédez.

Curieusement, c'est souvent lorsque vous avez l'impression d'être monté trop haut qu'il est plus utile d'acquérir quelque chose de matériel : **avoir à travers le faire.**

Cela révèle quelque chose que beaucoup négligent : la formule ne fonctionne que dans une véritable harmonie, lorsque chaque composante est utilisée consciemment.

Oui, au début, il semble que la seule chose dont nous devons nous occuper est l'Être. Mais l'Être grandit, change, s'étend. Ce qui est aujourd'hui des actions élevées ne le sera peut-être plus demain. Ce que vous souhaitez avoir aujourd'hui peut se transformer demain en un autre désir. Et c'est très bien ainsi. La clé est de s'adapter sans perdre la base solide : un Être capable de supporter toute adversité ou tout succès qui se présente.

> *« Le véritable succès naît lorsque nous sommes capables de suivre le cours des changements de la vie dans la paix et l'harmonie intérieure. »*

*Connaître la seule vérité* a été pour moi un appel à la conscience, un mouvement qui, selon moi, est en train de révolutionner le monde entier. Beaucoup disent que la seule vérité est Dieu, ou que le seul livre qui la contient est la Bible. Mais il y a beaucoup plus à approfondir. Car, quoi que vous croyiez, quoi que vous lisiez, derrière tout cela se cache une certitude : **la seule vérité est la même pour tous**, même si chaque individu la perçoit différemment, filtrée par la Source qui nous a créés.

Dans le prochain chapitre, nous allons dépasser les limites et les barrières. Nous allons chercher des réponses à ces questions que nous nous sommes tous posées à un moment ou à un autre et qui, jusqu'à présent, ne nous ont apporté que de l'incertitude. Comme je l'ai dit au début, il ne s'agit pas d'accumuler plus d'informations ni d'apprendre quelque chose de « nouveau ». Penser que nous avons besoin de quelque chose nous place dans un état de manque. Je vous invite à observer, à intérioriser ce que vous lisez à partir d'un lieu de pouvoir qui vous permet d'aller au-delà de vos limites actuelles. Car à partir de chaque véritable compréhension, votre vie devient plus riche, plus abondante et plus épanouie.

À ce stade, toute personne ayant intériorisé et appliqué ce qui a été partagé dans le premier chapitre pourra comprendre plus clairement comment ce monde est construit, quels réseaux agissent en coulisses et trouver d' s réponses profondes à des questions qui la taraudent depuis des années. Le chapitre deux de La Vérité n'est qu'un rappel, rien de plus. Nous relierons les points, nous connecterons les idées et vous découvrirez que vous avez toujours connu le chemin, que la seule Vérité a toujours été là. Cela vous apportera paix, joie et plénitude, simplement grâce à la compréhension de cette existence.

Ce chapitre est profond, mais il vous rendra ce qu'il y a de plus important : **votre pouvoir.**

« Le système », « la matrice », s'est chargé d'envoyer des messages de séparation, de peur et de conflit. Cela a conduit une grande partie de l'humanité à oublier le plus grand cadeau que Dieu nous a fait en nous mettant au monde : **la responsabilité.**

> *« Ne pensez plus jamais que vous êtes conditionné. Rappelez-vous : vous êtes programmé. Si vous êtes programmé, vous pouvez vous déprogrammer. La responsabilité vous appartient toujours, et c'est le cadeau que Dieu vous a fait. »*

Maintenant que vous ne dérivez plus, vous êtes prêt à voir. Non pas avec les yeux du monde, mais avec ceux de l'âme.

CHAPITRE 2

# DÉCOUVRIR LA MATRICE

Ce chapitre est une **descente sacrée**. Mais pas vers les ténèbres, vers la racine des programmations qui ont empêché l'humanité de se souvenir de qui elle est vraiment.

Nous le diviserons en deux phases. Non pas parce qu'elles sont séparées, mais parce qu'elles se manifestent à différents niveaux de la même tromperie.

**Phase 1 : La programmation du système et la peur**

Dans cette première partie, nous allons observer comment s'organise la Matrice visible : gouvernements, médias, maladies induites, contrôle émotionnel, guerres et distractions de masse. Non pas à partir de la paranoïa, mais à partir de la conscience.

Vous comprendrez ici comment la peur a été semée comme stratégie pour couper votre connexion avec votre corps, votre énergie, votre santé et le pouvoir naturel de guérison qui vous a été donné par droit divin. Mais, plus important encore, vous comprendrez ce qui suit :

> *« La foi et la peur exigent toutes deux de croire en quelque chose que nous ne voyons pas. »*

**Phase 2 : Les vérités enfouies sous terre... et sous les siècles**

Dans la deuxième partie, nous irons plus loin. Nous descendrons jusqu'aux fondements mêmes de cette réalité :

- Qu'est-il arrivé aux géants ?
- Pourquoi ne nous a-t-on pas parlé des civilisations antérieures ?

- Qui nous a génétiquement conçus ?
- Pourquoi tant de preuves sont-elles cachées ou ridiculisées ?

Je vous préviens : cette phase n'est pas confortable et ne prétend pas être rationnelle. Mais ceux qui osent la traverser avec un cœur ouvert accèdent à un souvenir plus ancien que n'importe quelle histoire officielle : le souvenir de leur véritable origine... et avec lui, le souvenir de leur **magnificence**.

# PARTIE 1 : IL EST TEMPS DE SE RÉVEILLER

Une fois les bases de votre Être établies, nous allons comprendre la Matrice d'un point de vue plus occulte. Je vais vous montrer une grande partie de ce qui se cache derrière ce monde afin que vous commenciez à comprendre qu'il y a des choses que vous ne saviez pas... et que vous ne saurez jamais tout à fait. Cela élargira non seulement votre esprit, mais débloquera également de nouvelles possibilités dans votre propre existence.

Lorsque vous pensez qu'il y a de l'obscurité, vous êtes le seul à pouvoir allumer la lampe et apporter la lumière. La Matrice n'est pas exactement quelque chose dont vous échapperez, mais c'est quelque chose dont vous pourrez vous servir pour que votre âme continue à évoluer tout en jouant du côté actif de l'infini, comme vous avez déjà appris à le faire.

> « *Pour voir toute la vérité, il faut parfois entrer dans la cellule où l'on s'est enfermé. Non pas pour y rester, mais pour voir clairement les chaînes qui vous lient à la douleur, à la peur ou au mensonge. Cette section n'a pas pour but de vous effrayer, mais de vous aider à regarder en face ce qui vous retient prisonnier… et de vous rappeler que la clé a toujours été entre vos mains.* »

## LE CONTRÔLE DE L'HUMANITÉ

Aujourd'hui, la télévision reste le principal canal de diffusion des informations et des drames. Mais ce « virus de l'information » s'est également propagé aux réseaux sociaux. Où que vous soyez, quoi que vous fassiez, vous serez inévitablement confronté à une tragédie qui vous invitera à vous mettre au diapason de la peur collective.

Cependant, quoi qu'il arrive à l'extérieur, il y a une chose que vous ne devez jamais oublier : **c'est vous qui créez tout cela à chaque instant.** Toute nouvelle qui vous fait vibrer à un niveau inférieur n'apparaît pas par hasard : elle apparaît parce que vous étiez déjà sur cette fréquence. Si vous vous êtes mis à l'écoute, c'est parce que vous l'aviez déjà en vous.

À grande échelle, ce que vous devez retenir est le suivant : **vous** êtes une antenne énergétique connectée au champ quantique.

*« Si tout le monde comprenait que son corps est une antenne capable de se connecter directement à la Source Infinie, il n'y aurait plus jamais de peur, de maladie ou de malheur dans le cœur des humains. »*

Quand je parle de « virus », je fais référence à l'arme la plus puissante utilisée par l'élite pour manipuler l'humanité : **la peur**. Par la peur, l'incertitude et la répétition, ils installent dans l'esprit collectif des phrases telles que : « le monde est en chaos », « nous allons tous mourir », « une nouvelle guerre approche ». Et ce n'est pas seulement lors d'événements majeurs. Même dans les moments « calmes », la programmation continue : vols, meurtres, maladies, inflation, accidents. La peur ne se repose jamais.

Et le jeu du contrôle ne s'arrête pas là. Ces dernières années, nous avons vu comment, d'un simple clic, des millions de personnes peuvent se retrouver sans rien. Est-ce une coïncidence si, en mars 2025, l'Europe a demandé de préparer des kits de survie — avec de la nourriture, de l'eau, des lampes de poche et des radios — et que, quelques semaines plus tard, une panne d'électricité massive a privé d'électricité des millions de personnes en Espagne et au Portugal pendant plus de 10 heures ? Ce n'est pas de la paranoïa. Il s'agit d'une planification stratégique visant à mesurer la réaction humaine face à un effondrement provoqué.

Et ce n'est pas la première fois.

Vous vous souvenez de l'épidémie de grippe porcine en 2009 ? Du SRAS en 2003 ? D'Ebola ? Du sida dans les années 80 ? Toujours le même schéma : **peur massive + campagne médiatique + solution imposée** (vaccins, médicaments, restrictions). Et derrière tout cela, le même message caché : « vous n'avez aucun pouvoir sur votre corps ni sur votre vie ; vous avez besoin que nous vous sauvions ».

La vérité vient vous rappeler exactement le contraire : **vous avez le pouvoir !** Vous l'avez toujours eu, car vous faites partie de la Source. Vous pouvez revendiquer ce pouvoir en prenant la responsabilité de vos pensées.

Vous n'avez jamais été réellement en danger. La seule chose qui a rendu votre corps malade à maintes reprises est la croyance que vous pouviez tomber malade. La seule chose qui a attiré ces situations dramatiques est votre fréquence. Rien d'autre.

Il ne s'agit pas de culpabilité. Personne n'est responsable de quoi que ce soit.

Vous et moi ne sommes pas responsables de ce que diffusent les journaux télévisés. Mais nous sommes à 100 % responsables de ce que nous choisissons de consumer, de croire et d'accepter.

Pourquoi pensez-vous que les médias ne montrent que des morts, des catastrophes, des guerres, des vols et des pandémies ? Parce que c'est ce que les gens consomment le plus avidement. **La peur crée une dépendance.** Ce sentiment d'être « informé » crée l'illusion du contrôle. Mais la seule chose que vous contrôlez, c'est votre fréquence... et, par conséquent, votre vie.

Si cela vous semble encore étrange, essayez l'exercice suivant : sur YouTube, TikTok ou Instagram, recherchez « *actualités alarmantes du jour* ». Regardez au moins 5 minutes de ces informations. À la fin, écrivez avec vos propres mots ce que vous avez ressenti.

Ensuite, tapez dans le moteur de recherche : *animaux drôles* et regardez ces vidéos pendant 5 minutes. À la fin, décrivez à nouveau ce que vous ressentez.

Certains peuvent sauter cet exercice parce qu'ils pensent que la conclusion est trop évidente. Et, paradoxalement, ce sont eux qui en ont le plus besoin.

La vérité est que nous sommes fortement influencés par tout ce qui nous entoure. Si vous ne prenez pas pleinement conscience que ce que vous voyez et entendez influence directement votre champ énergétique, vous continuerez à dormir, à vous distraire et à vous éloigner de la seule vérité.

Avec la mondialisation, il suffit d'un appel, d'un tweet, d'un clic… pour que des millions de personnes paniquent en même temps. Pourquoi cela se produit-il ? Nous l'avons déjà dit : pour le contrôle. Mais pourquoi cela fonctionne-t-il ? Parce que vous n'avez pas encore pris conscience de votre véritable pouvoir intérieur.

Ne vous inquiétez pas. Ce n'est ni une plainte ni un défoulement, c'est un fait. Vous avez le droit de tout remettre en question, même cela. Mais considérez cela comme une clé qui ouvre la porte vers la vérité. Vous n'avez encore rien vu. Nous venons à peine de commencer. Attachez votre ceinture, car les pages suivantes pourraient déclencher un séisme dans votre conscience.

Comme le dit un dicton populaire : « Celui qui contrôle les médias contrôle les esprits. » Mais je vais vous dire quelque chose d'encore plus fort : « Celui qui maîtrise son esprit ne peut être contrôlé par personne. »

*« La seule chose qui rend une personne malade, c'est
sa conviction qu'elle peut tomber malade. »*

Ne prenez pas non plus cette phrase comme une vérité absolue. Observez-la. Remettez-la en question. Demandez-vous : « Et si vous n›aviez jamais été malade, mais simplement déconnecté de votre vérité ?

Si vous entendiez jour et nuit que des milliers de personnes meurent, ne ressentiriez-vous pas de la peur ? Moi aussi, je la ressentirais. Mais cette peur ne protège pas, elle empoisonne. Car la peur est la maladie la plus silencieuse et la plus mortelle qui soit.

C'est pourquoi je vous le répète : **le véritable virus, c'est la peur. Et le véritable remède... c'est vous.**

## C'EST COMME ÇA QU'ILS GAGNENT DE L'ARGENT

Nous étions en 2019 et je vivais chez mes parents. Je venais de quitter mon emploi où je travaillais de 9 h à 18 h pour me consacrer à « l'entrepreneuriat sur Internet ». À l'époque, mon projet consistait à analyser les marchés financiers et à spéculer sur l'achat et la vente de devises pour gagner de l'argent sur les transactions, ce qu' t communément appelé « trading ». Même si je ne m'en sortais pas très bien, je suivais de près l'actualité mondiale, car c'est elle qui influence le plus un marché qui n'est rien d'autre que de la pure émotion collective.

Consommer des informations et me tenir au courant de ce qui se passait dans le monde financier faisait partie de ma routine quotidienne.

Pendant des années, j'ai vu de mes propres yeux à quel point l'économie est manipulée de l'intérieur. Comment, encore et encore, les cours du dollar et d'autres devises sont manipulés à l'aide de fausses informations ou d'informations tardives afin d'accumuler plus d'argent et de permettre aux grandes entreprises de s'enrichir de plus en plus.

À l'époque, on disait sans cesse que les marchés ne pouvaient pas se maintenir à leur plus haut niveau, que tout ce qui monte doit redescendre et que quelque chose allait se produire à tout moment.

Mais bien sûr, rien ne tombe « comme ça ». Il faut toujours un déclencheur externe, une catastrophe mondiale qui justifie un mouvement brusque à la baisse. Et le COVID était l'outil parfait.

> *« Lorsque la peur se propage, la richesse se réorganise. Et toujours vers les mêmes poches. »*

La réalité est que l'argent suit ceux qui sont éveillés. L'argent est attiré par la responsabilité, pas par les excuses. Pourquoi ? Parce que tout est énergie. Au-delà du papier ou du bit, ce que nous avons ou n'avons pas dans notre vie répond directement à notre vibration.

Ou pensez-vous encore que des millions de dollars vont vous tomber dessus tout en continuant à croire qu'être riche n'est pas tout à fait éthique ?

Nous avons tendance à sous-estimer le fait que l'argent est le carburant du plan pragmatique. Tout finit, d'une manière ou d'une autre, par des fins politiques ou religieuses — les deux entités qui ont le plus d'adeptes dans l'histoire de l'humanité.

C'est ce qui se cache derrière un simple virus : la peur. Et utiliser la peur comme arme de manipulation n'est pas nouveau non plus. L'Église l'a fait dès ses débuts en implantant l'idée des péchés capitaux qui mènent directement en enfer.

Notre esprit est inconsciemment programmé pour éviter la douleur. C'est pourquoi nous agissons souvent davantage par peur que par amour. Si tout ce que vous voyez autour de vous, ce sont des contagions et des morts, la graine de la peur commence à germer jusqu'à ce que vous en arriviez à croire, sans l'ombre d'un doute, que tout cela est réel. Il en va de même pour toute crise : si chaque jour, vous entendez dire que le marché s'effondre ou qu'il n'y a pas d'argent, vous finissez par le répéter intérieurement et extérieurement, et devinez quoi... c'est ce que vous finissez par vivre.

*« Là où vous portez votre attention, vous portez votre énergie. Et là où vous portez votre énergie, ce que vous observez se développe. »*

Vous vous demandez peut-être alors : devrais-je ignorer complètement ce qui se passe dans le monde ?

La réponse est : pas nécessairement. Il existe plusieurs mondes à l'intérieur de ce monde. Votre esprit est unique, tout comme celui de votre voisin, de votre partenaire ou de vos parents. Chaque personne vit dans sa propre réalité, et à partir de là, elle crée et contribue à la réalité collective.

Il ne s'agit donc pas d'ignorer les autres, mais de prendre conscience de soi-même et de choisir à partir de là où l'on veut créer et interagir.

Si vous vibrez dans le manque, le manque créera. Une personne qui a fondé une entreprise a dû penser en termes d'abondance pour créer un produit ou un service et l'offrir au monde. Sinon, rien de ce que nous connaissons aujourd'hui n'existerait. Beaucoup se trompent en croyant que c'est le système externe qui doit être changé. C'est le piège du mysticisme : continuer à pointer du doigt les autres — le gouvernement, la politique, la religion, l'élite, les illuminati, les francs-maçons, les entreprises, voire d'autres entrepreneurs. C'est le niveau le plus bas de l'échelle vibratoire, car la seule chose que cela transmet au monde est : « Regardez, je suis une victime. Je vous cède tout mon pouvoir. Je ne veux être responsable de rien. »

**Comment appliquer cela à une pandémie ou à n'importe quelle situation dans le monde ?**

Je vais vous donner un exemple simple que vous pouvez également appliquer dans votre vie quotidienne. Nous avons tous, de notre plein gré, quatre façons de procéder. Prenons le cas des vaccins, qui étaient obligatoires dans de nombreux endroits pour travailler ou effectuer des démarches administratives.

## LES 4 FAÇONS DE CHOISIR : LA PEUR OU L'AMOUR

### 1. La peur directe.

Imaginez que le gouvernement vous dise que vous devez vous faire vacciner pour continuer à travailler ou pour être en sécurité. Vous ne voulez pas le faire, vous le ressentez dans votre corps… mais vous acceptez quand même, avec colère, avec rejet, avec une voix intérieure qui crie : « *Ce n'est pas bien, mais je n'ai pas le choix* ». Vous vous faites vacciner. Et vous le faites par peur. Comme tout choix né de la déconnexion, ce que vous recevez est plus de souffrance que de soulagement.

### 2. Peur déguisée.

Imaginez maintenant que, face à la même injonction, vous répondiez : « Je ne me ferai pas vacciner, même si on me licencie, même si je suis contaminé ». Cela semble courageux, mais si vous y regardez honnêtement, vous verrez que la peur reste à la base : peur du système, peur de tomber malade, peur de céder. C'est une posture de combat, de défense. Et ce qui suit la peur, même si elle se pare de courage, c'est toujours la tension et le conflit.

### 3. L'amour présent.

Imaginez que vous décidiez de vous faire vacciner. Mais cette fois, non pas par obligation, mais par conscience. Respirez. Observez. Décidez. Avant de recevoir le vaccin, bénissez le moment, votre corps, la personne qui vous l'administre et même son contenu. Non pas parce que vous avez une confiance aveugle, mais parce que vous avez confiance en votre pouvoir de transformer toute expérience par l'amour. Vous ne recevez pas la guérison par le vaccin, mais parce que vous étiez déjà en bonne santé en choisissant Dieu.

**4. Amour ferme.**

Imaginez que vous décidiez de ne pas vous faire vacciner. Non pas par rébellion, mais comme expression de votre vérité intérieure. Vous êtes reconnaissant de pouvoir choisir. Vous ne condamnez personne. Vous ne vous victimisez pas. Vous savez qu'il peut y avoir des conséquences, mais vous ne vivez plus pour les éviter, mais pour vous honorer. La décision naît de la paix. Et cette paix, qui ne dépend pas de ce qui se passe à l'extérieur, est votre remède le plus puissant.

L'avez-vous remarqué ? Agir par peur ne fait que générer plus de peur. Agir par amour, plus d'amour.

> *« Une décision prise à partir d'une conscience élevée guérit plus que n'importe quelle substance injectée. »*

Les gens ont tendance à se compliquer la vie simplement parce qu'ils ne prennent pas de décision. La décision, prise en pleine conscience, est ce qui guérit. Le doute est ce qui tue.

C'est pourquoi la guérison est toujours directement liée à la mesure dans laquelle une personne s'engage à écouter ce qu'elle ressent, à la responsabilité qu'elle assume à l'égard de ce sentiment et à sa capacité à transformer ce sentiment de peur en un sentiment d'amour. Il ne s'agit pas de mieux ou de pire : il s'agit d'intention, de conscience, de responsabilité intérieure.

La manière de procéder que je vous propose ici peut s'appliquer partout et à tout moment. Dans votre vie quotidienne, vous êtes certainement confronté à des événements qui ne vous plaisent pas, à des conversations inconfortables ou à des situations difficiles. Si vous vous souvenez que vous pouvez toujours choisir — rester ou partir, parler ou vous taire, agir ou attendre — et que vous le faites en toute sérénité, vous commencerez à imprégner toute votre vie de paix.

C'est ce que je veux dire quand j'affirme que « le monde intérieur crée le monde extérieur ». Nous ne pouvons pas contrôler ce qui se passe à l'extérieur, mais nous pouvons contrôler notre attitude.

*« Si les plans de l'élite tournent autour de la peur, et que vous parvenez à ressentir de l'amour, vous aurez déjà complètement gagné la partie. »*

Voici la clé : quoi que vous fassiez, ce sera toujours difficile. Il est difficile d'être en surpoids, tout comme il est difficile de s'entraîner tous les jours et d'arrêter de manger ce qui vous faisait plaisir auparavant. Il est difficile d'occuper un emploi qui ne vous plaît pas, tout comme il est difficile de créer une entreprise sans savoir si elle fonctionnera. La différence réside dans la décision. Lorsque j'affirme « c'est toujours difficile », nous devons nous demander : pour qui est-ce toujours difficile ?

C'est toujours difficile pour l'ego, car l'ego ne décide pas. Et comme il reste passif en attendant que les choses changent, son énergie créatrice commence à stagner. Les fringales commencent, les distractions apparaissent, les drogues, etc.

Car tant qu'il ne décide pas ce qu'il veut, tout semble être un fardeau. Mais lorsqu'il détermine ce qu'il veut et qu'il agit en conséquence, même si cela demande des efforts, il en profite. La seule chose qui le détériore, c'est de se sentir sans but et de se contenter de ce qu' t de ce qui « lui revient ». Ce qui donne la vie exige du mouvement, car absolument tout dans cette Matrice est énergie.

Et en tant qu'êtres énergétiques, mettons ce pouvoir en action pour jouer le jeu comme nous le méritons vraiment.

## DES ÊTRES ILLIMITÉS JOUANT UNE EXPÉRIENCE LIMITÉE

Au vu de tout ce que nous avons exploré, il semble logique que le principal intérêt de ceux qui contrôlent le système soit d'empêcher que nous nous réveillions, que nous pensions par nous-mêmes, que nous regardions à l'intérieur de nous-mêmes. Ils savent que nous sommes profondément influençables… et ils l'ont utilisé à leur avantage pendant des siècles.

Mais je voudrais vous inviter à faire quelque chose : cessez de penser que « ils » sont des êtres maléfiques. C'est un récit purement religieux qui nous a appris à croire que le mal est à l'extérieur, tout comme le salut. L'élite, après tout, est composée d'êtres humains comme vous et moi. S'ils étaient des reptiliens ou une autre race extraterrestre… est-ce vraiment important ?

Je pensais tout le temps à ces choses-là. Je me posais mille questions. Et chaque réponse m'amenait à d'autres questions. Jusqu'au jour où je me suis posé la vraie question : *est-ce vraiment important de savoir ce que je veux savoir ?*

Ce que j'ai compris avec le temps, c'est l'importance de simplifier ma vie. Et je ne parle pas d'aller méditer 24 heures sur 24 au sommet d'une montagne, mais de me demander : comment est-ce que je veux vivre ? Qu'est-ce que je veux vraiment ? C'est la question essentielle qui a marqué un nouveau tournant dans ma compréhension de cette « matrice » pour ma vie.

C'est pourquoi cet ouvrage ne cherche pas à vous donner du pouvoir à partir de la colère, mais à partir de la responsabilité. À partir du seul endroit où vous pouvez faire usage de votre pouvoir absolu : la décision. Décider ce que vous voulez est votre plus grand cadeau.

> *« Si le monde conspire contre vous, décider de « conspirer » en faveur de votre vérité ne signifie pas les affronter, mais les rendre insignifiants. On ne combat pas l'obscurité en la combattant, mais en allumant une lampe. L'éveil n'est pas l' u la réaction : c'est se souvenir de qui vous êtes au-delà du personnage. »*

Et permettez-moi de vous dire quelque chose que vous devinez peut-être déjà. Lorsque Nikola Tesla a dit que « pour comprendre l'univers, nous devons penser en termes d'énergie, de fréquence et de vibration », il ne le disait pas pour paraître énigmatique. Il le disait parce que c'est vrai. Tout ce qui existe vibre. Tout ce qui vibre émet une fréquence. Et toute fréquence est une expression d'énergie.

Cette énergie est en vous : dans votre voix, dans vos pensées, dans vos paroles, dans votre champ. Et quelqu'un, à un moment donné, a découvert qu'il était possible d'activer des états internes de l'être humain en utilisant des combinaisons précises d'énergie, de fréquence et de vibration. Je ne vous dis pas cela pour vous surprendre, mais pour vous montrer quelque chose d'essentiel :

Ce n'est pas du mysticisme. C'est pratique. Ce n'est pas de la science-fiction. C'est la réalité. On l'a appelé « secret » parce qu'il est trop puissant, mais en vérité, ce n'est pas un secret : c'est la chose la plus réelle qui soit et elle est à la portée de chacun d'entre nous à tout moment.

Vous êtes, par nature, un être illimité. Vous l'avez toujours été. La seule chose qui change, c'est si vous décidez d'utiliser cette nature ou non. En fin de compte, ce livre est un rappel de cette vérité. Car la vérité n'est pas quelque chose que l'on trouve : c'est un état d'être que l'on choisit. Un état qui s'éveille lorsque vous vous en souvenez, que vous l'intégrez et que vous l'incarnez chaque jour.

Il n'est pas facile de penser différemment, tout comme il n'est pas facile de continuer à avoir des pensées médiocres et des croyances limitantes.

*« Les personnes les plus pauvres de la planète ne sont pas celles qui n'ont pas d'argent sur leur compte, mais celles qui sont médiocres : parce qu'elles croient à moitié qu'elles peuvent y arriver, et donc elles n'y arrivent pas. »*

Et maintenant, je voudrais vous présenter un homme qui a mis en pratique cette célèbre phrase de Tesla, que nous entendons si souvent sur les réseaux sociaux :

## L'HOMME QUI A GUÉRI 16 PATIENTS ATTEINTS DE CANCER GRÂCE AUX FRÉQUENCES ET AUX VIBRATIONS

### Quelle est la nature de la réalité ?

La réponse à cette question est souvent ignorée par la plupart de la population, mais pas par de nombreux scientifiques qui ont compris — et démontré — que tout est composé d'énergie. Et qu'en manipulant ces forces énergétiques subtiles, nous pouvons nous transformer nous-mêmes et transformer tout ce qui nous entoure.

Derrière cette vision se trouvait un homme qui voulait utiliser ces forces de la nature pour guérir les maladies et amener la santé et la longévité de l'humanité à un tout autre niveau. Cet homme était **Royal Rife**, un scientifique qui a non seulement construit le microscope le plus avancé de son époque, capable d'observer des virus et des bactéries vivants, mais qui a également guéri 16 patients atteints de cancer en seulement quelques mois, en utilisant le pouvoir de la **fréquence** et de la **vibration**.

Sa découverte eut un tel impact qu'en 1931, un groupe de 44 scientifiques se réunit pour célébrer un événement révolutionnaire qu'ils appelèrent « La fin des maladies », convaincus que la découverte de Rife permettrait de traiter n'importe quelle maladie à l'aide d'un appareil basé sur de simples fréquences.

Rife a découvert que chaque virus et chaque bactérie vibrait à une fréquence particulière à laquelle ils étaient vulnérables. Il a appelé cela « le taux oscillatoire mortel », un terme qui est encore utilisé aujourd'hui. Il l'a d'abord testé sur des rats, réussissant à éliminer des bactéries, des virus et des tumeurs spécifiques à l'aide de fréquences électromagnétiques. Il l'a ensuite appliqué sur des humains... et a de nouveau réussi.

Voici ce que Rife a déclaré après avoir obtenu ces résultats :

« Avec le traitement par instruments à fréquence, aucun tissu n'est détruit, aucune douleur n'est ressentie, aucun bruit n'est entendu et aucune sensation n'est perceptible. Un tube s'allume et, trois minutes plus tard, le traitement est terminé. Le virus ou la bactérie est détruit, et le corps se remet naturellement de l'effet toxique. Plusieurs maladies peuvent être traitées simultanément. »

Mais si cela s'est produit il y a près de 100 ans, pourquoi continuons-nous à dépenser plus de 185 milliards de dollars par an en traitements contre le cancer ? Pourquoi 1 homme sur 3 et 1 femme sur 2 en sont-ils atteints ?

**Et si la maladie était un business... et la guérison une révolution ?**

Tout n'était pas rose pour autant. En 1937, après avoir fondé son entreprise, Rife a subi des pressions de la part de **Morris Fishbein**, directeur de l'Association médicale américaine, qui a tenté d'acheter les droits exclusifs de sa technologie. Rife a refusé. Mais Fishbein, célèbre pour avoir freiné les inventions qui menaçaient le monopole pharmaceutique — soutenu par des familles comme les Rockefeller —, n'a pas abandonné.

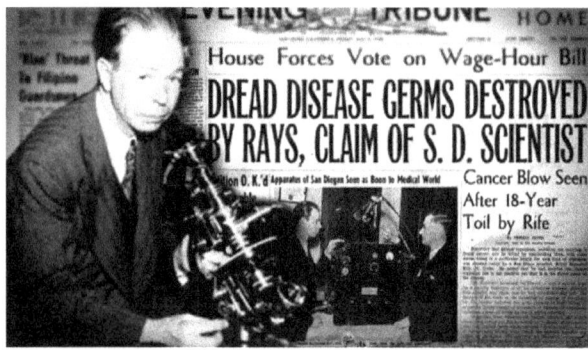

On dit qu'il a financé un ingénieur de l'équipe de Rife pour intenter un procès contre lui. Bien que Rife ait gagné le procès, les frais juridiques l'ont conduit à la faillite. Son laboratoire a été détruit, la police a confisqué ses recherches et il a sombré dans l'alcoolisme. Cette invention pionnière, qui aurait pu changer l'histoire de la médecine, a été presque entièrement effacée.

Aujourd'hui, le cancer continue d'être traité par chimiothérapie, une méthode très coûteuse qui, dans de nombreux cas, fait plus de mal que de bien à l'organisme. Des milliers de personnes meurent non seulement de la maladie, mais aussi des effets des traitements. Et pourtant, nous continuons à croire que le but de cette industrie est de nous sauver.

Au-delà des machines, il y a quelque chose d'essentiel à comprendre : **la fréquence qui rend malade peut provenir de l'environnement, mais la vibration qui guérit naît de la cohérence interne**. Elle ne se trouve pas dans une pilule ou un appareil. Elle se trouve dans votre choix quotidien d'élever vos pensées, vos émotions et votre environnement vers le positif. Se guérir n'est pas une lutte contre l'extérieur : c'est un acte de reconnexion avec ce qui est déjà, une énergie en harmonie avec la Vie.

Une humanité faible n'est pas un accident. C'est une conception.

Comme l'a dit George Orwell :

« Les masses ne se rebellent jamais de leur propre gré, et elles ne se rebellent jamais simplement parce qu'elles sont opprimées. En fait, tant qu'on ne leur permet pas d'avoir des normes de comparaison, elles ne se rendront jamais compte qu'elles sont opprimées. »

Et c'est là le véritable problème : non pas le contrôle... mais le fait de ne pas savoir que l'on est contrôlé. Comment sortir de cette hypnose collective ? En activant la mémoire.

Cette mémoire commence par reconnaître les fréquences que nous consommons quotidiennement et même les fréquences que nous émettons. Car si tout est vibration, tout ce qui entre dans votre esprit fait également partie de votre alimentation, et ce qui en ressort (ce que vous voyez et expérimentez) est précisément l'effet de cette alimentation.

*« **Vous les reconnaîtrez à leurs fruits.** » (Matthieu 7:16)*

Vous voulez guérir ? Placez-vous dans un environnement où la guérison est inévitable. Vous voulez réussir ? Entourez-vous de succès. Vous voulez vivre dans la joie ? Allez dans des endroits où la joie n'est pas une exception, mais la norme.

Rappelez-vous ce que nous avons vu au chapitre 1 : chaque émotion a une fréquence. Selon la carte de Hawkins, la peur vibre à basse fréquence (moins de 100), l'acceptation commence à guérir (350) et l'amour commence à transformer (500+).

Pas besoin de science exacte : il suffit d'observer comment votre corps réagit à ce que vous consommez. C'est une preuve suffisante.

Cela fait plus de cinq ans que je ne consomme plus d'informations et que je n'écoute plus de musique à basse vibration. Qu'est-ce qu'une « basse vibration » ? Tout ce qui renforce la culpabilité, la peur, la haine ou le victimisme. Depuis que j'ai quitté ces environnements, je n'ai plus besoin d'hôpitaux ni de médicaments.

Bien sûr, même si la conscience s'éveille, nous continuons à avoir un corps et des apprentissages à traverser. J'ai eu des fièvres ou des malaises, mais je comprends maintenant que les maladies ne sont pas des ennemies, mais des messagères : elles m' t me montrent ce que je n'avais pas vu et qui était important pour continuer à évoluer.

Les adversités ne disparaissent pas. Ce qui change, c'est d'où on les traverse. Je ne cherche plus la solution dans le problème. Aujourd'hui, j'ai l'esprit clair, le corps pur, et donc les idées claires pour créer un contexte où la guérison se fait d'elle-même, car je ne pense plus à l'idée de maladie.

J'ai intégré des sons à haute fréquence dans mon quotidien : musique Solfeggio, bols tibétains, musique médicinale, opéra, musique sacrée. Tout ce qui harmonise votre environnement harmonise également votre intérieur. Pourquoi ? Parce que vos cellules vibrent au rythme du contexte que vous leur donnez.

Ce n'est pas en écoutant une chanson que vous guérissez. Vous guérissez parce que vous cessez de résister à la vie, et ce son devient un canal de délivrance. Il en va de même lorsque vous intégrez des instruments, créez, écrivez, cuisinez, bénissez, dansez, riez, bougez avec intention, ou simplement sortez vous promener en respirant l'air frais avec les rayons du soleil sur votre visage. Tout cela élève votre fréquence, et plus vous vibrez haut, plus vous vous rapprochez de Dieu. Et alors… moins de maladies apparaissent. Ou bien Dieu tomberait-il malade ?

Beaucoup de gens me contactent parce qu'ils veulent guérir des maladies spécifiques. Et je leur dis : *ne guérissez pas. Vivez comme Dieu vivrait.* Et en vivant pleinement, le corps fait le reste.

> *« Guérir, ce n'est pas réparer ce qui est cassé. C'est reconnaître que cela n'a jamais été cassé. Cela n'était qu'une interprétation de l'expérience à partir de la peur. »*

La maladie n'est pas une punition. C'est une opportunité. Le corps ne peut pas tomber malade tout seul. L'esprit ne peut pas tomber malade tout seul. L'âme ne peut jamais tomber malade.

Alors… qui est vraiment malade ? Seulement celui qui oublie qu'il est déjà en bonne santé.

Biologiquement, le corps cherche toujours à s'équilibrer. La soi-disant « maladie » n'est qu'un processus de régulation interne. Mais si vous refusez de ressentir, le corps doit crier ce que votre esprit a tu. Le corps ne crie pas parce qu'il est endommagé : il crie parce que vous êtes resté sourd à votre cœur.

Toute douleur physique est une émotion non vécue. Ne pas ressentir rend malade. Ressentir libère. La guérison commence lorsque vous prenez en charge ce que vous avez évité de regarder. Et l'énergie commence à circuler lorsque vous décidez de ressentir ce que vous refusiez auparavant.

Si vous traversez un processus physique ou mental, ou si un proche le vit, vous pouvez pratiquer ce mantra :

*« J'annule tout système de pensée lié au conflit de (nommez le symptôme physique). Je choisis de vivre cette sensation sans résistance. Je choisis de laisser partir cette énergie. Je choisis de réaffirmer l'amour à travers cela. Je suis un être infini. Et je ne suis pas soumis à cela. »*

Ce mantra n'est pas un sortilège. C'est une permission. Une permission de ressentir. Et en ressentant, de se libérer.

J'ai guéri des processus physiques très difficiles en quelques heures ou quelques jours simplement en me rappelant ceci : le temps ne guérit pas. Ce qui guérit, c'est la fréquence à laquelle vous décidez de vivre ce que vous ressentez. Et cela ne dépend de personne d'autre. Seulement de vous.

Dans la section suivante, je vais vous montrer comment l'esprit est l'arme la plus puissante dont vous disposez, et comment il a été utilisé contre vous pendant des décennies. Non pas pour que vous détestiez le système, mais pour que vous compreniez le jeu... et que vous commenciez à y jouer les yeux ouverts.

## CE N'EST PAS LA PILULE QUI VOUS GUÉRIT, C'EST VOTRE PERCEPTION

Avez-vous déjà dit quelque chose comme : « Je vais prendre ça parce que ça me fait du bien » ou « Chaque fois que je fais telle chose, je me sens mieux » ? Ce n'était rien d'autre que votre propre corps réagissant à une suggestion : vous vous êtes conditionné à réagir d'une certaine manière lorsque vous effectuez une action spécifique. C'est très similaire à l'effet placebo : vos paroles et vos pensées façonnent l'effet qu'une substance ou une action peut avoir sur vous.

L'effet placebo est l'un de ces mystères fascinants que nous vivons et utilisons tous sans le savoir. Et si vous compreniez que le pouvoir que vous recherchez dans un comprimé a toujours été dans votre perception de celui-ci... comment cela changerait-il votre façon de guérir ?

Pour l'expliquer en quelques mots : si vous allez chez le médecin et qu'il vous dit qu'un certain médicament est efficace pour ce dont vous souffrez, vous le croyez. Pourquoi en douter ? Vous avez devant vous quelqu'un en blouse blanche, un stéthoscope autour du cou, dans un endroit où tout le monde se rend pour recevoir le même traitement que vous.

Si vous y réfléchissez bien, les facteurs conditionnants apparaissent déjà :

- Si vous êtes à l'hôpital et que vous portez une blouse blanche, vous êtes médecin.
- Si vous êtes médecin, vous avez un diplôme.
- Si vous avez un diplôme, vous avez des connaissances.
- Si vous avez des connaissances, ce que vous prescrivez doit fonctionner.

**Mais ce qui fonctionne vraiment, c'est que vous croyez que cela fonctionnera.**

Ce qui est curieux, c'est que souvent, les médecins prescrivent ce qui est « à la mode » pour une certaine affection, ou ce qui « fonctionne pour la plupart des gens ». Ils font rarement des études approfondies, et même lorsqu'ils le font, ils omettent souvent un point essentiel : le facteur mental.

Vous vous dites peut-être : « Alors, je dois aller voir un psychologue ? » Pas exactement. Ils font également partie de l'équation , mais ils travaillent à partir de l'esprit. Ils continuent à exercer dans un cabinet, ils continuent à représenter une figure d'autorité. Ce qui agit réellement, c'est la conviction qu'ils peuvent vous aider. En réalité, c'est vous qui vous aidez vous-même à travers eux.

Cela conduit à deux conclusions :

1. À partir d'un état de basse vibration, vous serez influencé par n'importe quoi sans vous en rendre compte, et tout ce que vous percevez comme une autorité semblera avoir un pouvoir sur vous.

2. À partir d'un état de conscience plus élevé, vous comprenez que c'est vous-même qui vous aidez, en utilisant la suggestion que l'autre peut vous aider.

Si vous allez un peu plus loin, vous découvrez une troisième phase : vous n'avez pas besoin d'aide extérieure, mais de compréhension, d'acceptation et de paix intérieure. Et cela, vous seul pouvez vous le donner, à tout moment, dès maintenant.

L'effet placebo soulève des questions très intéressantes. Par exemple : que se passerait-il si le comprimé qu'on vous donne n'avait aucune propriété chimique, mais était simplement composé de sucre ? Pourtant, de nombreuses études montrent qu'il peut produire le même effet qu'un véritable médicament. Pourquoi ? Parce que votre esprit a reçu l'ordre de croire que vous guéririez, et il l'a fait. Le contexte (qui vous l'a donné, où, comment) a pesé plus lourd que le contenu (ce qu'il y avait réellement à l'intérieur).

*« Le médicament le plus puissant n'est pas la substance, c'est la perception que vous en avez. »*

Et même si cela semble être une supercherie, ce n'est pas le cas. Dans une étude, on a dit aux patients qu'ils prendraient des pilules de sucre, mais qu'elles auraient le même effet qu'un vrai médicament. Les résultats ont été positifs : les patients se sont améliorés même en sachant qu'il s'agissait d'un placebo.

Un exemple célèbre est celui de M. Wright, diagnostiqué d'un cancer en 1957 et condamné. Il a entendu parler d'un sérum appelé krebiozen et a demandé qu'on le lui administre. Quelques jours plus tard, ses tumeurs avaient considérablement diminué. Cependant, après avoir lu que le sérum n'avait aucune validité scientifique, il a immédiatement rechuté. Son médecin lui a alors administré de l'eau, lui assurant qu'il s'agissait d'une version « plus efficace », et M. Wright s'est à nouveau amélioré. Jusqu'à ce que, à l' , il apprenne définitivement que le médicament était inutile, il est décédé quelques jours plus tard.

**Wright est mort parce qu'il croyait qu'il n'y avait plus d'espoir. Il a guéri parce qu'il croyait qu'il y en avait.**

Cette histoire illustre ce que j'ai mentionné précédemment. L'esprit a un pouvoir énorme, tant pour guérir que pour rendre malade. La bonne nouvelle, c'est que lorsque vous assumez vos responsabilités, que vous élevez votre niveau de conscience et que vous commencez à vivre dans la vérité, vous pouvez choisir de toujours vibrer à un niveau élevé.

Je vous donne la recette pour ne jamais tomber malade !

La plupart des gens ne comprennent pas cela. Ils pensent que ce qui importe, c'est ce qu'ils prennent ou ce qu'ils font, alors qu'en réalité, ce qui importe davantage, c'est ce qu'ils pensent de ce qu'ils prennent ou font. C'est l'Être — dont nous avons parlé au début du livre — qui détermine les résultats d'une personne.

Vous pouvez ÊTRE, FAIRE ou AVOIR tout ce que vous désirez dans la vie. Littéralement : vous pouvez ÊTRE la guérison, vous pouvez FAIRE la guérison et vous pouvez AVOIR la santé chaque jour de votre vie.

Vous pouvez vous immerger dans votre propre effet placebo avec tout ce que vous voulez faire. En fait, vous le faites déjà. Je me souviens de mon père, qui disait toujours que pour lui, le bicarbonate de soude était miraculeux. Il l'utilisait pour une multitude de choses, y compris pour se soigner ou purifier son corps. Le bicarbonate est-il vraiment un remède miracle ? Non, mais pour ceux qui y croient, oui !

Comme lui, beaucoup de gens utilisent les jus verts, le jeûne, la musique à haute fréquence, les retraites spirituelles, la mer, la montagne... Quel que soit votre choix, veillez à ce que ce soit quelque chose qui, en soi, soit élevé (qui ait un calibre élevé selon la carte de la conscience). Tout ce qui vous rapproche de qui vous êtes et de votre pouvoir créateur vibre à un niveau élevé. Tout ce qui vous éloigne de vous-même — et donc de Dieu — vibre à un niveau bas.

> « *Écoutez votre corps, prenez soin de votre âme et laissez votre intuition devenir votre nouveau médecin personnel.* »

Cependant, consulter un psychologue ou un médecin qui ne vit pas selon un niveau élevé, qui se contente de « faire son travail » sans aller plus loin, ne vous sera pas d'une grande utilité. Les connaissances qu'ils acquièrent sont précieuses pour comprendre la partie pratique du processus. Mais ce qui soutient le pratique n'est pas le pratique : c'est le spirituel. Et c'est là que vous devez commencer à investir dès que possible.

De nombreux médecins, thérapeutes, psychologues et psychiatres ne sont pas directement responsables du système... mais ils en sont devenus les soldats les plus obéissants. Ils ont été formés pendant des années à répéter des protocoles, à mémoriser des symptômes et à prescrire des substances sans en remettre en question l'origine. Ce qui semble être une « formation » est en réalité une programmation profonde qui commence à l'université et se renforce à chaque congrès financé par les laboratoires. On leur a appris à traiter des parties, et non à considérer l'être humain dans son ensemble. On leur a montré comment faire taire les symptômes, et non comment écouter l'âme.

Et pourtant, la plupart continuent de croire que leur but est de guérir. Mais guérir n'est pas leur priorité : stabiliser ce qui ne fonctionne pas l'est. La médecine moderne ne cherche pas à guérir, elle cherche à contrôler. Et ses principaux outils, les médicaments, n'élèvent pas votre fréquence et ne vous connectent pas à Dieu. Ils anesthésient simplement votre perception afin que vous ne ressentiez pas ce que vous devez voir. D'où leur « efficacité » : ils éteignent le corps, mais ne transforment pas la cause.

Vous n'avez pas besoin de plus de pilules, ni de plus de diagnostics, ni de plus de sauveurs en blouse blanche. Vous avez besoin de reprendre le contrôle de votre énergie, de votre corps, de votre conscience. Car le remède le plus puissant ne se trouve pas dans un flacon : il se trouve dans votre présence, dans votre cohérence, dans votre Vérité. Et lorsque vous le reconnaîtrez, vous cesserez de céder votre pouvoir à ceux qui ne peuvent vous donner que ce que vous leur avez vous-même permis de vous donner.

**Ce n'est pas eux qui vous guérissent. C'est vous qui vous laissez guérir par ce que vous croyez qu'ils sont.**

Et c'est là que réside la plus grande tromperie : en croyant en leur autorité, vous leur cédez votre souveraineté. Mais lorsque vous vous souvenez que la Source habite en vous, vous n'avez plus besoin d'intermédiaires. Vous avez seulement besoin de revenir à Dieu. À la seule Vérité. À l'éternel qui guérit tout.

> *« Qui gagnerait si vous guérissiez à la racine ? Personne. Mais si vous restez chroniquement malade, anesthésié, diagnostiqué et médicamenté... alors vous devenez un client éternel. »*

## LE BUSINESS DE VOUS GARDER MALADE

Quand quelqu'un se sent mal, la première chose qu'il fait est d'aller chez le médecin. Le médecin prescrit un médicament. Le médicament supprime le symptôme. Et lorsque le symptôme est supprimé, le corps cesse de communiquer. Ce qui était auparavant un signal d'alarme est désormais ignoré. Et ce qui n'est pas traité... empire.

Ce que presque personne ne remet en question, c'est que la plupart des professionnels de la santé apprennent à répéter des informations, et non à générer une transformation. Ils étudient pendant des années ce que d'autres ont défini comme étant la vérité. Ils passent des examens, mémorisent des manuels, puis appliquent des formules. Mais s'ils s'écartent du protocole, ils sont sanctionnés. ***Le système ne récompense pas ceux qui guérissent : il récompense ceux qui obéissent.***

Cela ne signifie pas que tous les médecins font partie du problème. Beaucoup ont été formés dans un système qui ne leur a jamais montré que la santé dépend aussi de l'environnement, de l'esprit, des émotions et de l'état interne. Et c'est là le véritable angle mort : il ne s'agit pas seulement de ce qui se passe dans le corps, mais aussi du contexte dans lequel cela se produit.

**Un corps tombe malade lorsque son environnement devient acide, enflammé et oxydé.** Ces termes ne sont pas choisis au hasard : l'acidité et l'oxydation sont des conditions internes qui affaiblissent les cellules et perturbent la communication du système immunitaire. Et cet environnement interne est directement conditionné par ce que vous mangez, respirez, pensez et ressentez. Je vais vous donner quelques exemples qui vous serviront de guide

**Aliments acidifiants :**

- Sucre raffiné (et sirops tels que le sirop de maïs à haute teneur en fructose)
- Farines blanches (pain blanc, pâtes industrielles, viennoiseries)
- Alcool
- Boissons gazeuses et énergisantes (très acides et pleines d'additifs)
- Fritures (huiles réutilisées, graisses trans)
- Charcuterie (saucisses, jambons industriels, mortadelle)

- Viandes transformées (hamburgers de supermarché, nuggets)
- Produits laitiers industriels (lait pasteurisé, fromages affinés, yaourts sucrés)
- Excès de caféine (café conventionnel, boissons énergisantes)
- Produits ultra-transformés (biscuits, snacks, soupes instantanées)
- Édulcorants artificiels (aspartame, sucralose)
- Huiles raffinées (tournesol, colza, maïs)

**Remarque :** ce n'est pas que tous ces produits soient « toxiques », mais si votre objectif est d'avoir un corps alcalin et plein d'énergie, ils doivent être évités ou fortement limités.

**Aliments alcalinisants :**

- Fruits frais (en particulier la pastèque, la mangue, l'ananas, la papaye, le melon, le citron, le citron vert)
- Légumes verts (épinards, chou frisé, céleri, concombre, brocoli, roquette)
- Jus verts naturels (non pasteurisés et sans sucre ajouté)
- Eau citronnée (bien qu'elle soit acide à l'extérieur du corps, son effet est alcalinisant)
- Graines activées (chia, tournesol, courge, lin, sésame)
- Germes (luzerne, brocoli, lentilles)
- Algues (spiruline, chlorella, varech, nori)

- Avocat
- Gingembre et curcuma frais
- Infusions alcalines (pissenlit, ortie, menthe)
- Eau de coco naturelle
- Huile d'olive extra vierge (crue)

**Conseil vibratoire :** plus les aliments sont vivants (frais, crus, germés), plus ils apportent d'énergie et plus ils sont alcalins.

Un système acide est un terrain fertile pour l'inflammation chronique, la fatigue, les virus et toutes sortes de maladies. Lorsque vous vivez dans un état inflammatoire, tout est déformé : votre énergie diminue, votre clarté mentale diminue et votre champ vibratoire tombe en dessous de 200 sur la carte de la conscience. Cette bande est habitée par la peur, la culpabilité, la tristesse, l'apathie. Exactement ce que le système renforce quotidiennement. Exactement ce qui vous maintient anesthésié.

Comme l'explique Bruce Lipton dans son livre *La biologie des croyances*, ce n'est pas le gène qui définit votre santé, mais l'environnement cellulaire. Et cet environnement est constitué de vos pensées, de votre alimentation, de votre environnement émotionnel et de votre niveau de stress. Si vous vivez en mode automatique, en consommant des stimuli à basse fréquence et en mangeant de la malbouffe, comment pouvez-vous espérer que votre corps fonctionne bien ?

Et ce n'est pas une aspirine qui va régler le problème. Ce que presque personne ne sait, c'est que beaucoup de ces comprimés « courants » ne guérissent rien. Ils ne font que bloquer les signaux du corps. L'aspirine, par exemple, inhibe une enzyme pour réduire la douleur, mais ne traite pas la cause. Elle dit au corps : « ne parle pas ». Et le corps obéit. Mais ce qu'il tait… il le garde pour lui. Et ce qu'il garde et ne traite pas, à long terme, commence à peser…

La douleur, la fatigue, l'inflammation… ne sont pas des erreurs. Ce sont des informations qui doivent être prises en compte.

La solution n'est pas de faire taire le symptôme, mais de nettoyer le terrain. Et cela commence par accepter le fait que personne ne nous a appris à vivre. Que beaucoup pensent être en bonne santé parce qu'ils n'ont pas de fièvre, mais vivent avec une inflammation interne. Que si vous aspirez à une vie épanouie, vous avez besoin d'un système interne alcalin, et non d'un système acidifié par la malbouffe, le stress chronique et les pensées négatives.

En résumé : il ne s'agit pas de « lutter » contre la maladie, mais de cesser de la cultiver. Et pour cela, nous devons prendre en charge l'environnement interne que nous créons chaque jour. Car ce que le corps exprime n'est que le reflet de ce que la conscience a permis.

Ce n'est pas le comprimé. C'est l'environnement. Et l'environnement le plus important… c'est celui que vous choisissez d'être.

*« Les aliments toxiques créent des corps enflammés ; les corps enflammés génèrent des émotions denses ; les émotions denses mènent au médecin ; le médecin prescrit des médicaments qui suppriment les symptômes sans guérir ; et c'est ainsi que naît la dépendance. »*

C'est pourquoi, lorsque nous choisissons la vérité, la vérité nous libère. Cela fait mal, oui, c'est vrai. Mais si vous êtes comme moi, je sais que vous préférez vivre une vie qui fait un peu mal mais qui est vraie, plutôt qu'une vie qui semble joyeuse mais qui est totalement fausse.

J'ai écrit ce livre pour aider l'humanité à se réveiller de la léthargie dans laquelle elle est plongée. Une léthargie induite par la distraction, la peur et la division. Une torpeur collective qui nous a fait agir comme si nous ne savions pas ce qui est juste, comme si nous ignorions ce qu'est la Vérité.

Mais la Vérité n'est pas quelque chose que l'on cherche à l'extérieur. C'est quelque chose que chacun porte en soi, même si souvent on choisit de ne pas la voir... parce que la voir fait mal. Parce que la voir exige de renoncer au mensonge, au personnage, aux attachements qui nous apportent la sécurité mais pas la plénitude.

C'est pourquoi il arrive un moment où l'on ne peut plus éviter l'inévitable. Où vous devez prendre une décision réelle, honnête, définitive.

Une décision qui sépare ceux qui restent endormis... de ceux qui osent vivre éveillés.

Et cette décision commence par cette question :

**Préférez-vous continuer à vivre anesthésié et aveugle, ou choisir, une fois pour toutes, une vie de vérité et de liberté ?**

Avec tout ce que nous avons parcouru jusqu'ici, il est naturel que des doutes surgissent. Vous avez peut-être envie de faire des changements radicaux : arrêter les médicaments, changer complètement votre alimentation, ne plus aller chez le médecin, sortir complètement du système. Et même si ces décisions peuvent résonner avec la vérité qui s'éveille en vous, elles ne se prennent pas toutes d'un seul coup. Elles ne doivent pas non plus toutes être prises sous le coup de l'émotion.

Ce n'est pas un appel à la réaction, mais à la conscience. L'important n'est pas d'agir pour agir, mais de sentir clairement quand une décision vient de l'âme... et quand il s'agit seulement d'une fuite déguisée en « éveil ».

Ce livre ne vous pousse pas, il vous accompagne. Il vous propose un processus. Un chemin de déprogrammation où chaque couche se détache en temps voulu. Il n'y a pas de raccourcis qui vous évitent de regarder à l'intérieur de vous-même. Il n'y a pas de formules qui remplacent votre discernement.

C'est pourquoi il ne s'agit pas, comme je l'ai répété à maintes reprises, de blâmer ou de pointer du doigt. Il s'agit d'écouter. De laisser l' u la Vérité faire son travail en vous. De vous abandonner à cette petite voix qui, si vous osez lui faire confiance, vous montrera clairement quelle est la prochaine étape. Même si cela vous met mal à l'aise. Même si vous ne comprenez pas encore.

Mais vous le saurez. Parce que vous sentirez que c'est vrai.

## LA MALADIE EST UNE ILLUSION

En raison de la dualité dans laquelle nous vivons, tout comme nous croyons qu'il est possible de tomber malade, nous devons comprendre que la maladie n'est pas réelle en soi. Psychologiquement, elle survient par le biais de ce que l'on appelle l'effet nocebo. Cet effet, contraire à l'effet placebo, décrit notre capacité à croire que quelque chose va nous faire du mal et à transformer cette croyance en une prophétie auto-réalisatrice.

En 1960, une étude menée auprès de patients asthmatiques l'a démontré : 40 personnes ont reçu des inhalateurs contenant uniquement de la vapeur d'eau, mais on leur a dit qu'ils contenaient des substances irritantes. Résultat : 9 d'entre elles (48 %) ont présenté des symptômes asthmatiques, tels qu'une contraction des voies respiratoires, et 12 (30 %) ont souffert de crises d'asthme complètes. Plus tard, on leur a donné d'˚s inhalateurs identiques, mais en leur assurant qu'ils contenaient des médicaments, et les voies respiratoires se sont ouvertes chez tous. Dans les deux situations, les patients ont répondu à la suggestion implantée dans leur esprit, obtenant exactement l'effet escompté.

**Qui était le véritable médecin dans cette expérience ? L'esprit. Et quelle était la prescription ? Une croyance.**

Cela nous amène à nous demander : dans quelle mesure êtes-vous influençable ? Dans quelle mesure pouvez-vous modifier votre état d'être ? Quelles prophéties créez-vous dans votre esprit qui peuvent se réaliser sans que vous vous en rendiez compte ?

Il est facile de comprendre qu'un vaccin vous fera du bien si vous le croyez, et qu'il ne vous fera pas de bien si vous croyez le contraire. Ces messages dérangent souvent parce qu'ils semblent inviter à l'« irresponsabilité ». Mais n'est-il pas plus irresponsable de vivre sans se poser de questions, en évitant de comprendre la dualité dans laquelle nous existons ? N'est-il pas plus irresponsable d'oublier que nous sommes des êtres spirituels et pas seulement des corps physiques ? Continuer à jouer ce jeu en tant que victimes des effets et non responsables des causes est, de ce point de vue, la plus grande irresponsabilité.

Je vais le dire clairement et sans détour : si, lorsque vous ressentez un malaise, la première chose que vous faites est de prendre un médicament parce que « cela vous fait du bien », cela vous fera du bien, mais n'oubliez pas : c'est parce que vous le croyez. Vous n'en avez pas besoin. Je suis désolé pour votre médecin, ses études et toutes les croyances qui vous ont fait penser que c'était le médicament qui vous sauvait. Ce n'est pas le cas et cela ne le sera jamais. La médecine peut aider dans une certaine mesure, mais le travail intérieur est indispensable.

Il existe des centaines de cas de tumeurs qui ont disparu en un instant. Des os qui se sont corrigés en quelques secondes. Des maladies chroniques qui se sont dissoutes en quelques minutes. La guérison, tout comme la maladie, ne dépend pas du temps : elle dépend de la conscience.

Les émotions refoulées rendent malade, tout comme la croyance que l'on peut tomber malade.

C'est simple : si vous comprenez ce que je partage ici, vous pouvez instaurer la croyance que vous n'avez pas besoin de médicaments, que le simple fait de respirer consciemment vous guérit, ou que ressentir une émotion peut produire un processus d'amour si profond qu'il vous libère de la souffrance.

> *« Il ne s'agit pas de nier ce qui fait mal, mais de ne pas céder le contrôle à ce qui n'en a jamais été la cause. »*

En fin de compte, l'important n'est pas ce que vous faites, mais que vous soyez conscient que l'extérieur est extérieur : ce n'est pas vous, même si cela vous influence directement, car c'est vous qui décidez de l'effet que cela aura. Que vous en soyez conscient ou non, c'est ainsi que cela fonctionne.

À l'échelle mondiale, si nous croyons tous qu'il existe un virus ultra-contagieux, nous ne faisons que renforcer notre propre prophétie. Nous ne pouvons pas changer la réalité mondiale, mais nous pouvons transformer notre réalité personnelle. Et à partir de là, contribuer au changement collectif.

> *« La masse crée la norme, mais l'individu crée le changement. »*

D'un côté ou de l'autre, nous allons normaliser quelque chose. C'est à nous de décider si nous normalisons la souffrance et la maladie, ou la paix et la guérison. À personne d'autre. Cela implique d'assumer à 100 % la responsabilité de notre vie . Reconnaître à chaque instant que vos paroles créent la réalité, que vos pensées façonnent votre monde et que vos émotions dirigent votre vie.

Chaque émotion retenue est une prière inconsciente. Vous vivez ce avec quoi vous êtes en phase et vous expérimentez ce que vous acceptez comme faisant partie de vous-même. La question est : qu'accepterez-vous comme vrai ? Que vous pouvez vous guérir par la pensée, ou que vous avez besoin de médicaments ? Que vous ne pouvez pas changer votre réalité, ou que vos pensées la créent et que vous pouvez donc la transformer ? Que vos émotions sont là pour être ressenties, ou que les réprimer et punir votre corps et votre esprit est la bonne chose à faire ?

> *« Ce qu'il accepte comme vrai devient loi dans son univers. »*

La vie est simple, mais pour ressentir cette simplicité, vous devez vivre, et vivre implique de choisir quelque chose de plus grand comme guide. Le diable est toujours dans les détails : il doute, questionne, juge, sème la peur. Dieu est dans l'absolu, dans l'étendu, dans le général, vous rappelant votre certitude intérieure, votre paix, votre amour et votre innocence. Dieu vous t vous garantit le sommet de la montagne, même s'il ne vous assure pas qu'il n'y aura pas de tempêtes ou d'adversités pendant l'ascension. Le diable vous chuchotera que vous devriez peut-être redescendre parce que c'est risqué, ou que ce n'est peut-être pas vraiment le sommet que vous devez atteindre.

Dieu et le diable seront toujours présents dans ce jeu dual, tout comme vous aurez toujours la liberté de penser par vous-même et de choisir qui écouter, et donc quelle voie suivre.

Maintenant que vous comprenez l'essence de ce jeu et que votre conscience s'est élevée à la responsabilité totale de votre vie ; maintenant que nous prenons soin de votre santé intérieure et extérieure, et que vous comprenez comment ce système mondial est construit, il est temps d'incarner ce message. Que votre Être ne fasse plus qu'un avec la Divinité et puisse faire usage du pouvoir inné que Dieu nous a donné.

## DÉBLOQUEZ VOTRE CAPACITÉ INNÉE DE GUÉRISON

Cette technique utilise à 100 % le pouvoir de votre esprit. J'ai jugé indispensable d'inclure une pratique qui rassemble ce que j'ai appris au cours d'années de recherche et d'expérience dans l' e guérison, ainsi que des connaissances telles que celles reconnues par la CIA elle-même dans des documents déclassifiés. Cette technique est unique ; vous ne la trouverez nulle part ailleurs. Et si elle vous est utile, vous avez ma permission de la partager avec le monde entier.

Cette méthode pratique que vous apprendrez débloque votre capacité à vous guérir de toute maladie, à rajeunir, à retrouver votre vitalité et à vous libérer instantanément de la souffrance. En 20 minutes environ, vous pourrez vous réaligner, vous souvenir de qui vous êtes et élever votre fréquence vibratoire à des états tels que l'amour inconditionnel (530) et la paix (600).

## Technique : Expansion énergétique de guérison innée (EESI)

Je vous demande d'appliquer cette technique pendant que vous la lisez. L'information s'intègre vraiment lorsqu'elle est appliquée immédiatement, pas demain ni « quand vous aurez le temps ». Faites-le maintenant, vous pourrez ensuite le perfectionner. Elle est divisée en trois phases avec des étapes claires que vous suivrez au fur et à mesure de votre lecture.

## Phase 1 : Préparation — Détendez votre corps

Si vous êtes assis ou allongé, ajustez votre posture pour vous sentir à l'aise. Relâchez la tension dans vos épaules, votre mâchoire et votre front.

1. **Affirmation de départ.** Répétez dans votre esprit : « Je *suis plus que mon corps physique. Je libère maintenant toute tension et j'active ma capacité naturelle de guérison.* »

2. **Respirez profondément.** Inspirez longuement et profondément, en imaginant que vous absorbez une lumière verte brillante provenant de l'univers vers votre tête. Retenez votre souffle pendant quelques secondes et expirez lentement, en libérant toute énergie stagnante vers le sol. Répétez trois fois, en maintenant cette visualisation.

## Phase 2 : Activation — Créez votre globe d'énergie curative (GES)

Imaginez qu'une sphère de lumière verte brillante vous entoure complètement. À chaque respiration, la sphère s'élargit et se renforce.

Répétez mentalement : « Je *suis entouré d'une énergie curative qui équilibre et restaure chaque cellule de mon corps.* »

1. **Identifiez les zones qui nécessitent votre attention.** Demandez à votre corps : « Où avez-vous besoin de mon attention maintenant ? » Laissez la sensation apparaître : il peut s'agir d'une douleur, d'une lourdeur ou simplement d'une pensée qui pointe vers une zone.

2. **Barre d'énergie de guérison (BES).** Visualisez que vous tenez une barre de lumière violette dans vos mains. Dirigez-la vers la zone que vous avez identifiée. Répétez : « Je nettoie, équilibre et restaure cette partie de mon corps avec de l'énergie curative. »

## Phase 3 : Manifestation — Projetez votre guérison

Visualisez chaque cellule travaillant en harmonie, rayonnant d'une lumière éclatante. Si vous n'y parvenez pas, répétez : « Mes cellules savent comment guérir. Je suis complet, équilibré et en bonne santé. »

1. **Connectez-vous à votre vérité intérieure.** Permettez-vous de ressentir la certitude que vous êtes déjà en train de guérir. Remarquez tout changement : soulagement, calme ou chaleur dans certaines zones.

2. **Ancrage.** À la fin, placez vos mains sur votre cœur, respirez profondément et dites : « Merci, mon corps, de savoir

comment guérir. Merci pour ce moment d'expansion et de renouveau. »

Si vous comprenez que vous avez le pouvoir de transformer votre réalité de l'intérieur, vous aurez déjà compris l'essentiel de ce livre. Ce que vous ferez à partir de maintenant, c'est étendre votre lumière pour la partager avec le monde.

Mais pour marcher vers la vérité, il faut savoir d'où nous venons. Le contrôle que nous vivons aujourd'hui n'a pas commencé avec la technologie. Il a commencé bien avant, caché dans les récits, codifié dans l'histoire, gravé dans l'ADN.

Ce qui vient maintenant ne cherche pas à vous effrayer, mais à vous libérer. Car la seule façon de sortir d'une prison est de reconnaître que vous y êtes. Et la seule façon de se réveiller... est de se souvenir.

Allumons la lampe. Non pas pour regarder le passé avec crainte, mais pour regarder le présent avec un regard neuf.

# PARTIE 2 : ALLUMER LA LAMPE EN SECRET

*Que se passerait-il si nous n'avions pas été créés par hasard ou par un dieu solitaire, mais par des intelligences venues des étoiles pour semer leur code en nous ?*

Dans un monde où des milliards de personnes croient encore que nous avons été créés en un instant par un créateur unique, remettre en question ces croyances suscite automatiquement la controverse. Il en va de même lorsque l'on remet en question la version scientifique qui affirme que nous sommes uniquement le résultat de l'évolution. Mais au-delà de savoir qui a raison, ces deux visions ne contemplent qu'une moitié de l'histoire.

Aujourd'hui, même des scientifiques et des chercheurs de renom commencent à admettre ce qui était auparavant impensable : que l'espèce humaine pourrait avoir été conçue, accélérée ou t modifiée par des êtres non humains. Et nous ne parlons pas de foi ou de croyances, mais de faits, de découvertes et de schémas qui ne correspondent pas au récit officiel.

Nous allons voir ci-dessous certaines des preuves les plus controversées, mais aussi les plus révélatrices. Vous ne vous êtes peut-être jamais posé ces questions, mais à la fin de ce chapitre, il vous sera impossible de les ignorer. Car en découvrant qui vous a créé, vous vous souviendrez aussi qui vous êtes.

## PREUVES IRRÉFUTABLES SUR QUI NOUS SOMMES

### Preuve n° 1 : le Big Bang du cerveau

En 2004, des chercheurs de l'université de Chicago ont publié une étude concluante : le développement du cerveau humain n'a pas pu être progressif. Quelque chose a brusquement changé il y a environ 50 000 ans, nous permettant de passer du dessin dans les grottes à la création de civilisations entières.

L'un des éléments clés a été la mutation du gène **FOXP2**, responsable du langage et de la pensée abstraite. Bien que présent chez d'autres animaux, il a été spécifiquement modifié chez les humains par l , déclenchant ainsi nos capacités cognitives.

Et comme si cela ne suffisait pas, ce changement génétique coïncide exactement avec la mystérieuse disparition des Néandertaliens… et avec l'apparition de peintures rupestres représentant des êtres non humains, aux formes et proportions étranges. Coïncidence… ou contact ?

### Preuve n° 2 : un ADN portant la signature de l'ingénierie

En 2013, des physiciens de l'Université nationale du Kazakhstan ont proposé une hypothèse révolutionnaire : l'ADN humain contient un code mathématique si sophistiqué qu'il semble avoir été conçu avec une précision millimétrique. Sa précision, sa structure symbolique et sa capacité à « archiver » des informations s'apparentent davantage à un logiciel intelligent qu'à un produit du hasard.

De plus, ces scientifiques ont suggéré que certaines parties de notre ADN fonctionnent comme des récepteurs d'une intelligence extérieure. Comme si le corps était une antenne capable de se connecter à celui qui l'a créé. Cela vous semble familier ? Le corps comme temple de l'esprit, comme canal direct vers le divin.

C'est là qu'intervient un concept aussi troublant que révélateur : le « SETI biologique ». SETI, le programme de recherche d'intelligence extraterrestre, passe depuis des décennies son temps à écouter les signaux radio dans l'espace. Mais... et si le véritable signal ne venait pas du ciel, mais se trouvait en nous ?

Le SETI biologique pose justement cette question : une civilisation avancée n'enverrait pas de messages par ondes radio, mais laisserait sa signature génétique semée dans l'ADN d'autres espèces, attendant qu'elles évoluent suffisamment pour lire le message, pour se souvenir de qui elles sont.

C'est ce qui se passe actuellement : l'éveil spirituel que tant de personnes ressentent n'est pas une coïncidence. Il s'agit d'une activation cellulaire. Un appel codé dans notre origine.

Le corps comme antenne. L'ADN comme message. L'âme comme récepteur. Ce n'est pas de la science-fiction. C'est ce que de nombreux scientifiques osent déjà dire... même si l'on tente de les réduire au silence.

### Preuve n° 3 : l'Ève mitochondriale

Les progrès de la génétique ont révélé quelque chose de fascinant : tous les humains vivants partagent une ancêtre féminine commune au niveau d . Ce n'est pas un mythe, c'est de la biologie : **l'Ève mitochondriale.**

Cette femme a vécu il y a environ 200 000 ans et son ADN mitochondrial est toujours présent en chacun de nous. Mais son apparition coïncide avec un événement catastrophique qui a failli anéantir l'humanité. Seule sa lignée a survécu.

Était-ce un hasard… ou un nouveau départ ? Pourquoi tant de races humaines si différentes les unes des autres sont-elles soudainement apparues en si peu de temps ? Et pourquoi ne pouvons-nous toujours pas expliquer entièrement le « saut » évolutif qui nous a amenés jusqu'ici ?

### **Preuve n° 4 : l'anomalie RH négatif**

Saviez-vous que si une femme au sang RH négatif tombe enceinte d'un fœtus RH positif, son corps peut l'attaquer comme s'il s'agissait d'un envahisseur ? Cela est sans précédent dans la nature.

Environ 15 % de la population mondiale a un sang RH négatif, mais celui-ci est particulièrement concentré dans certaines régions spécifiques comme le Pays basque, dont la langue et la génétique restent encore aujourd'hui un mystère.

À cette rareté s'ajoutent d'autres particularités : une intuition plus développée, une sensibilité psychique, une température corporelle plus basse, des vertèbres supplémentaires… et même une forte proportion de personnes de ce groupe sanguin qui rapportent des expériences paranormales ou des observations d'objets volants non identifiés.

Sommes-nous face à une lignée hybride ? À une modification génétique intentionnelle ? Et pourquoi cette variante sanguine caractérise-t-elle également une grande partie de la royauté européenne ?

La Bible le mentionne de manière subtile :

**« Il y avait des géants sur la terre à cette époque, et aussi après que les fils de Dieu se furent unis aux filles des hommes et leur eurent donné des enfants. Ce sont ces héros qui, dans l'Antiquité, étaient des hommes de renom. »** *(Genèse 6:4)*

### Preuve n° 5 : le chaînon manquant

La théorie de l'évolution soutient que nous avons évolué petit à petit à partir des singes. Cependant, les fossiles ne corroborent pas cette théorie. Il y a eu des millions d'années sans changements significatifs, puis soudainement, il y a environ 200 000 ans... L'*Homo sapiens* est apparu, doté d'une intelligence qui ne peut s'expliquer uniquement par la sélection naturelle.

Le saut a été si brutal que le fameux « chaînon manquant » n'a jamais été trouvé. Peut-être parce qu'il n'a pas été perdu. Peut-être n'a-t-il jamais existé. Ce qui existe, ce sont des indices d'intervention, d'accélération artificielle. Si cela a été possible... qui l'a fait et dans quel but ?

### Preuve n° 6 : la double hélice avant sa découverte

La structure de l'ADN a été découverte en 1960. Cependant, des milliers d'années auparavant, les cultures anciennes gravaient déjà le symbole de la double hélice sur des pierres, des temples et des ruines. Comment le savaient-elles ?

**Le caducée** — deux serpents entrelacés avec des ailes — apparaît dans les mythologies du monde entier : Sumer, Égypte, Grèce, Rome. Il représentait les dieux descendus du ciel, maîtres de l'alchimie, de la guérison et du commerce. Est-ce une coïncidence si ce sont là les mêmes fonctions attribuées aux *Anunnaki* dans les tablettes sumériennes ?

La double hélice ne représente pas seulement notre ADN. Elle symbolise également la source d'où il provient et, selon les anciens, cette source venait du ciel.

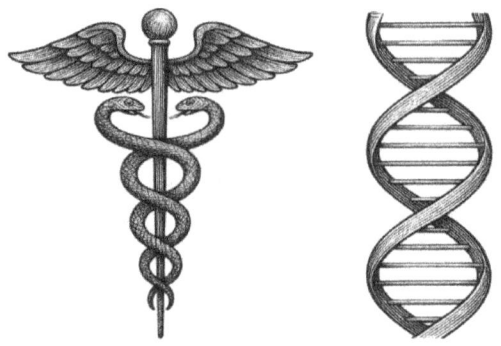

*Le caducée et l'ADN*

Et si toutes ces informations n'étaient pas là uniquement pour nous fasciner, mais aussi pour nous activer ? Car si quelqu'un a semé la vie intelligente sur cette planète, et si nous faisons partie de cette semence... alors nous ne sommes pas de simples animaux évolués. Nous sommes la conscience incarnée avec un but cosmique.

Il ne s'agit pas d'extraterrestres. Il s'agit de se souvenir du pacte oublié avec notre origine. Et tout pacte dont on se souvient... exige une action.

Peut-être que les humains ne sont pas simplement « humains », mais bien plus... ou bien moins. Peut-être que notre existence est si minuscule et insignifiante qu' is rien n'a de sens à la fin, ou que tout a un sens.

Nous aborderons cette question vers la fin du livre. Pour l'instant, il est temps de vous présenter nos ancêtres.

## LES ANCÊTRES DE L'HUMANITÉ ENTIÈRE

Quand on commence à vraiment enquêter, on ne trouve pas de contradictions, mais des silences. Des silences gênants, sélectifs et, surtout, intentionnels. C'est comme si quelqu'un ne voulait pas que nous assemblions les pièces du puzzle. Mais les pièces sont là : dans des livres anciens, dans des traces impossibles, dans des monuments qui défient la logique, dans des preuves supprimées par les institutions qui prétendent garder la « vérité ».

Le récit biblique de la Genèse est clair : « Il y avait des géants sur la terre à cette époque, et aussi après, lorsque les fils de Dieu s'unirent aux filles des hommes. » Cette affirmation, considérée comme symbolique par beaucoup, prend une autre dimension lorsque l'on découvre qu'il existe des traces, des squelettes et des structures à travers le monde qui prouvent qu' , des êtres aux dimensions extraordinaires ont effectivement marché sur cette planète.

**Des empreintes et des ossements qui ne cadrent pas avec l'histoire officielle**

Des empreintes fossiles de pieds humains mesurant jusqu'à 1,30 mètre de long ont été découvertes, avec des proportions identiques aux nôtres : cinq orteils, un talon, une voûte plantaire. Elles ont été trouvées en Afrique, en Amérique et en Asie. Comment l'expliquer si les géants n'ont pas existé ?

À cela s'ajoute un procès historique : en 2015, l'Institut Smithsonian a été contraint par la Cour suprême des États-Unis de reconnaître avoir détruit des milliers de squelettes géants au cours du XXe siècle. Un témoin a présenté un fémur de plus d'un mètre de long, accompagné d'une lettre signée par un ancien fonctionnaire de l'institut confirmant l'existence d'entrepôts remplis de restes osseux géants dans les années 1920. L'institution a admis les faits, mais les a justifiés en affirmant qu'ils étaient « incompatibles avec les connaissances scientifiques reconnues ». Ce qu'elle n'a pas dit, c'est que, même si elle cache autant d'ossements qu'elle le souhaite, il y a des traces qu'elle ne peut pas enterrer.

### Des mains qui racontent une autre histoire

Lors de fouilles près de l'ancien palais d'Avaris, en Égypte, 16 mains droites amputées ont été découvertes, toutes de grande taille : entre 25 et 31 centimètres de long. Selon les archéologues, elles auraient pu appartenir à des humains mesurant entre 2,70 et 2,90 mètres. Des guerriers ? Des êtres d'une autre espèce ? Cette découverte semble confirmer d'anciens récits égyptiens sur des soldats qui coupaient les mains d'ennemis géants pour s'approprier leur pouvoir.

### Méga-constructions

Une autre preuve que la Terre a abrité des êtres dotés d'une intelligence bien supérieure à celle des êtres actuels — ou tout simplement des géants — réside dans les constructions qui défient encore aujourd'hui toute explication logique. Et je ne parle pas seulement des pyramides d'Égypte : la planète entière est parsemée de structures impossibles.

Les pyramides d'Égypte ont été construites avec plus de 2,3 millions de blocs de granit, chacun pesant en moyenne 2,5 tonnes, certains pouvant atteindre jusqu'à 60 tonnes.

Mais ce n'est pas tout : les coordonnées géographiques de la grande pyramide de Gizeh sont **29,9792458°**, exactement s mêmes chiffres que la vitesse de la lumière (**299 792 458 m/s**). Simple coïncidence ?

De plus, les trois pyramides de Gizeh sont alignées avec les trois étoiles de la ceinture d'Orion (Alnitak, Alnilam et Mintaka). Ce même alignement se répète à Teotihuacán (Mexique) et à Xi'an (Chine), avec des différences inférieures à 0,05°. Combien de civilisations, sans contact apparent, ont décidé de construire des temples et des pyramides en suivant exactement les mêmes étoiles ?

Comme si cela ne suffisait pas, ces grandes structures — les pyramides d'Égypte, du Mexique, de Chine et du Cambodge — sont alignées sur le même méridien géodésique connu sous le nom de *Grand Cercle*, une ligne précise qui parcourt toute la circonférence de la planète. Aucune de ces civilisations ne savait, en théorie, que la Terre était une sphère.

À l'intérieur de la Grande Pyramide de Khéops, on n'a trouvé ni momies, ni hiéroglyphes, ni décorations funéraires. Les chambres internes sont disposées avec une telle précision astronomique et acoustique que certains chercheurs affirment qu'elles fonctionnaient comme des dispositifs de résonance.

J'ai récemment eu l'occasion de visiter les pyramides de Gizeh. Depuis mon enfance, je rêvais d'aller en Égypte pour les découvrir. Le premier jour, j'ai été très déçu : tout était commercialisé, et on semblait plus vouloir me vendre quelque chose que m'aider.

Malgré cela, le simple fait d'être près des pyramides permet de s'immerger dans leur champ vibratoire. C'est quelque chose d'intangible, presque imperceptible pour notre ego humain, mais indéniable : la présence des pyramides est extrêmement forte.

Si un jour vous les visitez, si vous ressentez le même appel que moi, je ne vous dirai qu'une chose : allez-y avec présence. C'est un lieu privatisé, rempli de touristes et de commerce, mais si vous vous permettez d'observer et d'écouter, l'expérience se transforme en quelque chose de sacré.

Toujours dans le domaine des monuments anciens, on trouve en Amérique du Sud **Sacsayhuamán**, une forteresse mégalithique à Cuzco, au Pérou, où ont été érigés des murs continus de 9 mètres de haut, constitués de blocs pesant chacun 90, 125 et même 350 tonnes, sur une superficie de plus de 3 000 hectares.

Non loin de là, toujours au Pérou, se trouve la ville **d'Ollantaytambo**, construite avec des monolithes pesant entre 12 et 40 tonnes, et l'imposant **Machu Picchu**, édifié avec des blocs pouvant atteindre 120 tonnes.

En Asie, on peut citer la **plate-forme de Baalbek**, construite avec des blocs pesant entre 900 et 1 100 tonnes. À seulement 7 kilomètres de là, se trouvaient trois autres mégalithes encore plus surprenants : 1 000, 1 242 et jusqu'à 1 650 tonnes, dont l'origine reste un mystère.

Le plus impressionnant est que les découpes de ces blocs présentent des tolérances millimétriques, impossibles à obtenir même avec la technologie moderne sans outils laser de précision. L'ingénieur Chris Dunn a démontré qu'à Gizeh, certaines découpes présentent des courbures tridimensionnelles complexes, comme si des machines rotatives à haute fréquence avaient été utilisées. En plein âge du bronze ?

Curieusement, dans le **Livre d'Enoch**, chapitre 7, il est dit que Dieu a ouvert le désert de Dudael pour capturer les anges déchus, ceux qui perturbaient l'humanité. Ce même désert se trouve dans l'actuel Liban, où gisent les monolithes de 1 650 tonnes.

Comment les peuples anciens ont-ils réussi à réaliser de telles œuvres architecturales, qui restent encore aujourd'hui inexpliquées ? Ont-ils bénéficié d'une aide extraterrestre ? Y avait-il des êtres géants capables de déplacer de tels colosses de pierre ? Peut-être les deux. Et même si nous n'avons pas de réponse définitive, nous ne pouvons continuer à nier que ces constructions existent, qu'elles défient les lois connues et qu'elles mènent à une conclusion inévitable : l'histoire humaine doit être réécrite.

## NOUS SOMMES DÉJÀ EN TRAIN DE RÉÉCRIRE L'HISTOIRE

Pas besoin qu'un archéologue le valide. En lisant ces mots et en les écrivant, nous sommes déjà en train de changer le récit. Nous sommes déjà en train de sauver une histoire enfouie sous des siècles de manipulation.

Je sais que cela peut sembler exagéré. Mais ne sous-estimez pas le pouvoir d'élever votre niveau de conscience : cela modifie votre fréquence, et votre fréquence transforme votre réalité.

Chaque être humain qui s'éveille réécrit l'histoire. Pas avec des guerres. Pas avec des décrets. Mais avec sa présence. Avec sa détermination. Avec une quête qui ne renonce jamais.

Vous voulez changer le monde ? Changez votre perception de celui-ci.

Vous voulez connaître la vérité ? Vivez la vérité.

Le monde n'a pas besoin d'une autre version officielle. Il a besoin de personnes qui se souviennent que l'impossible s'est déjà produit... et qu'il se reproduit.

## LA FEMME DE PRÈS DE 8 MÈTRES DE HAUT

En 1984, en Équateur, les restes d'une femme géante ont été découverts, puis remis au prêtre Carlos Vaca. Après sa mort, les os ont été analysés par le chercheur autrichien Klaus Dona, qui a présenté les résultats lors d'un congrès en Allemagne en 2011. Selon ses études, il s'agissait d'une ***femme d'environ 7,60 mètres de haut*** qui vivait dans la cordillère de Llanganates.

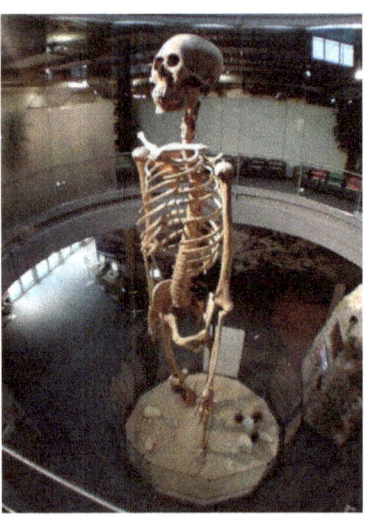

*Squelette dans le parc Jungfrau en Suisse*

Outre ce cas, il existe de nombreux témoignages faisant état de la présence d'êtres mesurant entre 3 et 3,50 mètres de haut dans différentes régions du globe. Cependant, ces témoignages sont éclipsés par des découvertes telles que celle de l'Équateur, qui semblent être de véritables anomalies dans un monde ancien peuplé de géants.

À l'heure actuelle, on ne voit plus de cas d'une telle ampleur. Bien qu'il existe des humains qui dépassent les deux mètres, le record mondial atteint à peine 2,50 mètres. C'est très loin des géants ancestraux qui dépassaient facilement les 3 mètres, voire beaucoup plus.

Tout cela, lié aux dimensions colossales de l'univers que nous habitons, commence à ne plus ressembler à de la science-fiction et à prendre tout son sens. C'est peut-être pour cela qu'on nous a caché tant de choses, en fragmentant la vérité. Dans ce livre, nous rassemblons certaines de ces pièces afin d'entrevoir au moins un pour cent du puzzle.

Cela peut sembler fantaisiste, car les preuves de l'existence de géants dans l'Antiquité sont convaincantes, alors qu'aujourd'hui cela semble impossible. Ou peut-être pas ? Regardez ce qui suit.

## LES GÉANTS COVIVENT AVEC NOUS (INFORMATION CENSURÉE)

En avril 2022, Andrew Dawson, un Canadien, a filmé une silhouette énorme au sommet d'une montagne du parc national Jasper, au Canada. Ce qui ressemblait à un poteau, en agrandissant l'image, semblait bouger. Andrew est devenu obsédé. Il est retourné plusieurs fois sur place, mais l'accès a été bloqué par de prétendus agents des services secrets. Il a même affirmé être surveillé.

Quelques jours plus tard, il a filmé des hélicoptères opérant près du site : l'un soulevait des arbres, l'autre survolait le sommet. Il a soupçonné qu'ils étaient en train d'extraire quelque chose. Lorsqu'il a tenté de remonter, il a été arrêté par un homme dans une voiture qui lui a barré la route.

Après plusieurs jours de silence, Andrew est réapparu dans une vidéo niant tout ce qui précède, affirmant qu'il ne s'agissait que de « divertissement ». Mais sa posture corporelle et son regard perdu n'étaient pas convaincants. Peu après, il a mis en ligne une vidéo intitulée « J'ai peur », dans laquelle il affirmait : « Ils ne peuvent pas me forcer à me taire. » Ce fut sa dernière publication importante. En juillet, Andrew est décédé. Sa nécrologie ne mentionne pas les causes de son décès.

L'affaire est rapidement devenue virale. Beaucoup l'ont reliée à un autre épisode : le **Géant de Kandahar**, qui aurait été abattu par l'armée américaine en 2002 en Afghanistan. Selon des témoignages divulgués, le géant mesurait plus de 4 mètres, avait six doigts, deux rangées de dents et a été transporté par hélicoptère vers une base militaire après avoir été abattu.

Coïncidence ? Fiction ? Montage ? L'important n'est pas de prouver chaque détail, mais de voir le schéma : ceux qui s'approchent trop près de certaines vérités disparaissent. Le cas d'Andrew est peut-être réel ou non, mais il représente quelque chose de plus grand : une censure mondiale systématique contre tout ce qui remet en cause le discours officiel.

Ce livre ne cherche pas à vous convaincre de quoi que ce soit, mais à vous rappeler que l'histoire n'est pas terminée. Que la censure est toujours d'actualité. Que l'impossible continue de se produire. Et que vous avez la liberté — et la responsabilité — de choisir la vie que vous voulez créer.

*Capture d'une des vidéos tournées par Andrew au Canada, 2022.*

Nous savons que cette histoire prend tout son sens lorsque l'on regarde les vidéos et que l'on écoute ce que dit Andrew, comment il le dit et ce qu'il transmet. C'est pourquoi je ne veux pas vous laisser seul avec une image floue soutenue par l'histoire d'un garçon sur TikTok. Si vous souhaitez voir la série de vidéos et vérifier de vos propres yeux ce que vous avez lu ici, ainsi que ce qu'Andrew a partagé et qui lui a valu d'être réduit au silence, scannez le code QR ci-dessous :

*Code permettant de débloquer la ressource : **222***
*(vous en aurez besoin après avoir créé votre compte)*

# ADIEU MYSTÈRE UFOLOGIQUE

Maintenant que nous avons vu comment l'histoire a été manipulée — des géants aux méga-constructions impossibles, en passant par les morts et l s étouffées de ceux qui en révèlent trop —, il est temps de braquer les projecteurs sur un autre grand voile : les soi-disant ovnis.

Car, si nous parlons de réécrire l'histoire, vous ne pouvez plus ignorer l'évidence : les objets volants non identifiés sont partout.

Ce ne sont plus des suppositions, des croyances ou des folies « new age ». Ce sont des registres officiels, des enregistrements rendus publics par les armées, des déclarations d'anciens fonctionnaires des services de renseignement et des milliers de témoins ordinaires. L'ufologie n'est plus un mystère : c'est une réalité dérangeante que beaucoup préfèrent continuer à qualifier de fantaisie pour ne pas avoir à changer leur vision de la réalité et à ouvrir les yeux.

Pendant des années, on a répété l'idée que les extraterrestres sont des êtres venus du ciel, des habitants d'autres planètes.

Mais... et s'ils étaient vraiment ici avec vous ? Les preuves sont infinies : des ovnis sortant de volcans, des objets émergeant du fond de la mer, des milliers d'enregistrements de lumières se déplaçant à des vitesses impossibles. Ils sont dans le ciel, sur terre, dans les océans. Ils sont ici.

## LA TECHNOLOGIE NON HUMAINE EST UN MIROIR POUR L'HUMANITÉ ENDORMIE

Depuis des décennies, des témoignages de scientifiques tels que **Bob Lazar** ont filtré. En 1989, celui-ci a affirmé avoir travaillé sur la rétro-ingénierie de vaisseaux non humains dans des installations secrètes du gouvernement américain. Ses déclarations sur les systèmes de propulsion antigravitationnelle, des éléments encore méconnus de la science de l'époque, et sur des vaisseaux impossibles à reproduire avec la technologie terrestre ont suscité un débat mondial.

Beaucoup ont tenté de le discréditer, mais avec le temps, plusieurs faits ont confirmé certains aspects de son récit, notamment la découverte de l'élément 115 et des détails logistiques sur les bases où il disait avoir travaillé.

Au-delà de la véracité de chaque détail, l'essentiel est la question qu'il soulève : si ces technologies existent, que nous a-t-on caché... et pourquoi ? Pourquoi restons-nous attachés aux énergies fossiles, aux maladies chroniques et à la destruction de la planète, alors qu'il pourrait exister quelque chose de plus élevé ?

La question centrale n'est pas de savoir s'il existe des vaisseaux spatiaux. Elle est de savoir si nous avons en nous la capacité de nous souvenir de ce que ces vaisseaux symbolisent : l'expansion, l'évolution, la libération des lois du temps et de l'espace.

Car si un objet peut courber l'espace-temps... une conscience élargie ne le peut-elle pas aussi ?

> « *Tout ce qui nous est caché à l'extérieur n'est que le reflet de ce que nous avons oublié de regarder à l'intérieur.* »

## LA TECHNOLOGIE ANTIGRAVITÉ

Ce que Bob Lazar a révélé n'était pas un cas isolé. Au contraire : cela fait partie d'une longue chaîne de découvertes cachées, de technologies supprimées et de scientifiques persécutés pour avoir tenté de libérer le monde.

Je parle ni plus ni moins que d'un des disciples de Nikola Tesla, **Otis T. Carr,** qui a conçu et testé publiquement un vaisseau spatial propulsé par l'énergie libre, alimenté par le soleil et ne nécessitant aucun carburant. Son objectif était ambitieux : effectuer un vol vers la Lune le 7 dé u décembre 1959. Il avait tout réussi, sauf une chose : demander la permission.

Deux semaines après son dernier vol d'essai, des agents fédéraux ont confisqué tout son laboratoire. Il a été accusé, réduit au silence et condamné. Son « crime » n'était pas d'avoir escroqué qui que ce soit, mais d'avoir défié le système énergétique mondial. Car si l'humanité accède à l'énergie libre, le contrôle s'effondre. Sans dépendance, il n'y a pas de domination. Et sans domination, le jeu du pouvoir s'éteint.

Ce n'est pas une théorie, c'est une tendance. La même chose s'est produite avec **Adam Trombly**, créateur du générateur d'énergie homopolaire. Son invention pouvait fournir de l'électricité propre et gratuite à des villes entières. Résultat ? Des perquisitions, des sabotages, des menaces de mort et des tentatives d'empoisonnement. Malgré cela, Trombly a continué à développer la technologie de l'énergie zéro point, et il est aujourd'hui reconnu comme un pionnier dans ce domaine. Mais son travail, comme celui de tant d'autres, n'est jamais enseigné dans les écoles.

Pourquoi ? Parce que le système ne récompense pas la liberté. Il la réprime. Parce qu'un être humain doté d'une énergie libre, d' e santé vibratoire et d'une souveraineté réelle... ne peut plus être manipulé ni programmé.

Et c'est là que vous intervenez. Car cette information ne sert pas seulement à vous indigner, mais aussi à vous rappeler que le même pouvoir que l'on tente de supprimer vit en vous, et que vous pouvez l'utiliser à tout moment si vous le décidez.

Cela me rappelle **Viktor Frankl**, psychiatre et survivant des camps de concentration nazis, qui a écrit l'un des ouvrages les plus transformateurs du XXe siècle : *Man's Search for Meaning* (*L'homme en quête de sens*). Au milieu de l'horreur la plus inhumaine, Frankl a découvert une vérité que ni les bourreaux, ni la faim, ni la mort n'ont pu lui enlever : la liberté ultime de l'être humain est de choisir son attitude face à n'importe quelle circonstance.

Ils l'ont enfermé, battu, dépouillé de tout... sauf de son pouvoir intérieur. Et c'est ce qu'il nous révèle : même si nous ne pouvons pas toujours choisir ce qui nous arrive, nous pouvons toujours choisir comment y répondre. C'est cela, la véritable liberté.

C'est pourquoi Frankl disait qu'il y a un espace entre le stimulus et la réponse. Et c'est dans cet espace que réside notre pouvoir de choisir. C'est dans notre choix que réside notre évolution.

Ce que Carr, Trombly, Lazar, Royal Rife et tant d'autres ont tenté de libérer n'était pas seulement la technologie : c'était la conscience. C'était la possibilité de choisir une autre réalité. C'était le souvenir que nous sommes bien plus que de simples êtres de chair et d'os. Et même s'ils ont été censurés, ils ont laissé des traces. Ce que vous en faites dépend de vous.

L'énergie libre n'est pas seulement un concept technique. C'est une métaphore vivante de l'âme lorsqu'elle se déconnecte de la peur et se connecte au champ quantique de l'amour. Tout ce qu'on vous a dit être impossible — guérir, vous libérer, voler, créer de nouvelles réalités — est ce que votre âme est venue faire.

L'antigravité existe. Mais pas seulement à l'extérieur. À l'intérieur aussi. Ce qui suit le confirme.

Et maintenant que vous l'avez vu, lu, ressenti, vous ne pouvez plus revenir en arrière. Reliez les pièces du puzzle. Activez votre mémoire. Et préparez-vous... car ce qui suit n'est pas une information : c'est une transformation.

> « *Tout a toujours été sous nos yeux. Caché, non pas parce qu'invisible, mais parce qu'évident.* »

Viktor Stepanovich Grebennikov, entomologiste soviétique passionné par les insectes et la géométrie de la vie, a découvert dans la nature elle-même une technologie qui défiait tout ce qui était connu. En analysant des coquilles d'insectes au microscope, il a remarqué une structure géométrique si précise, si rythmée et multidimensionnelle, qu'elle semblait avoir été conçue par une intelligence supérieure.

En empilant ces structures, il a observé des phénomènes que la science officielle ne pouvait expliquer : des objets qui lévitaient, des champs antigravitationnels et des distorsions dans l'espace-temps.

La vibration structurelle contenue dans ces carapaces était plus que de la biologie. C'était un code. C'était la conscience sous forme matérielle. C'était une technologie vivante, conçue par l'intelligence universelle qui donne forme à tout ce qui existe.

Inspiré par sa découverte, Grebennikov a construit une plateforme antigravitationnelle composée de centaines de ces structures naturelles. Selon ses registres, l'appareil pouvait voler à plus de 1 000 km/h, sans bruit, sans inertie, sans résistance... et sans laisser d'ombre. Pendant le vol, le temps était déformé, le corps ne ressentait aucune pression et le vaisseau disparaissait visuellement.

Grebennikov utilisait-il une technologie extraterrestre ? Ou avait-il accès à des connaissances terrestres qui nous ont été cachées pendant des millénaires ?

Les parallèles avec les cultures ancestrales sont inévitables. Le scarabée, présent dans les coquilles qu'il utilisait, était un symbole sacré pour les Égyptiens, associé à la création, à la renaissance et au soleil. La grande pyramide de Gizeh, quant à elle, s'est avérée concentrer et canaliser l'énergie électromagnétique de manière similaire à ce que Grebennikov a décrit dans ses expériences. Hasard ou mémoire ?

*« La connaissance qui fait bouger les étoiles habite également les ailes d'un insecte. L'univers ne cache pas ses secrets : il les révèle à ceux qui osent regarder au-delà de l'évidence. »*

Grebennikov a tenté de partager sa découverte, mais son livre a été censuré, ses images supprimées et son nom discrédité. Pourquoi ? Parce que s'il peut voler sans carburant, il peut vivre sans demander la permission.

L'histoire de Grebennikov n'est pas seulement un cas curieux : c'est une invitation à se rappeler que tout est vivant, que tout vibre. Que la nature contient les plans de ce que nous appelons « technologie », mais qui sont en réalité des manifestations conscientes d'une intelligence supérieure qui nous murmure : « Tout est en vous. »

Et c'est pour cela qu'on l'a réduit au silence. Car lorsqu'on relie la géométrie sacrée à la matière, lorsqu'on comprend que les ailes d'un insecte et une pyramide obéissent aux mêmes lois, lorsqu'on reconnaît qu'il n'y a pas de séparation entre la science et l'esprit... alors on s'éveille.

*Grebennikov testant son invention.*

Comme Grebennikov l'a écrit dans ses dernières paroles avant sa mort :

« Il n'y a pas de mysticisme. Le fait est simplement que nous, les humains, en savons encore peu sur l'univers qui, comme nous le voyons, n'accepte pas toujours nos règles, nos suppositions et nos ordres trop humains. »

## DES EXTRATERRESTRES DANS LE LAC LE PLUS PROFOND DE LA TERRE

Quand on parle d'OVNIS, on regarde généralement vers le ciel. Mais plus de 65 % des observations enregistrées sont liées à l'eau : océans, lacs profonds, glaciers. S'il y a un endroit où l'inexplicable semble se concentrer, c'est bien le lac Baïkal, en Sibérie, en Russie.

Le Baïkal n'est pas seulement un lac. C'est la plus grande et la plus profonde masse d'eau douce de la planète : il contient plus de 20 % de l'eau de surface du monde, a près de deux kilomètres de profondeur, plus de 25 millions d'années et abrite des milliers d'espèces uniques. Mais son mystère va bien au-delà du biologique.

Lors d'une mission militaire, documentée dans les archives soviétiques, un groupe de plongeurs a descendu à 50 mètres et a affirmé avoir rencontré des êtres humanoïdes de près de trois mètres de haut, vêtus de combinaisons argentées et de casques sphériques. En essayant d'en capturer un, une force invisible les a violemment propulsés vers la surface. Trois soldats ont trouvé la mort. L'incident a été documenté, mais n'a jamais été officiellement démenti. Il a simplement été… archivé.

L'historien russe Alexey Tivanenko, auteur de milliers de publications, a enquêté sur ces récits pendant des années. Il a recueilli les témoignages de pêcheurs et de villageois qui affirment avoir vu ces « nageurs argentés » sauter hors de l'eau comme s'ils jouaient, même pendant les nuits les plus glaciales, lorsque la température dépassait à peine les trois degrés sous zéro.

En 2009, la Station spatiale internationale a détecté des cercles parfaitement symétriques dans la glace du lac. Personne n'a pu expliquer leur origine. Des théories ont été avancées sur les émissions de méthane, la chaleur géothermique et les anomalies magnétiques, mais aucune n'explique pourquoi elles apparaissent précisément à des endroits où il ne devrait y avoir aucune activité. Elles semblent être des portes ouvertes depuis les profondeurs.

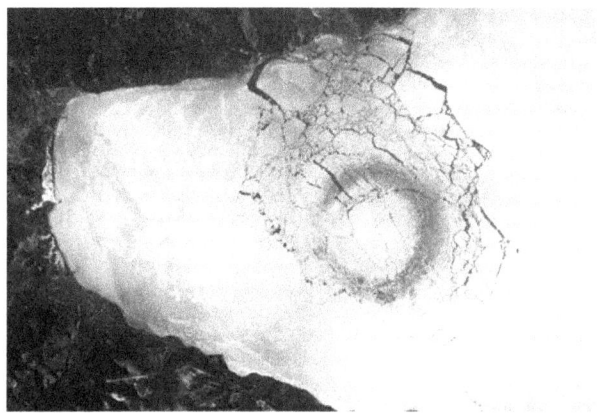

*Trous circulaires observés dans le lac Baïkal.*

Cette possibilité n'est dérangeante que si nous continuons à croire que la Terre nous appartient. Et si ces êtres ne venaient pas de l'extérieur ? Et s'ils n'étaient jamais partis ? Et s'ils avaient toujours été là, sous l'eau, à nous observer ?

Vous n'avez pas besoin d'y croire pour que cela soit réel. Vous devez simplement comprendre pourquoi cela a été caché. Si nous acceptons l'existence de civilisations sous-marines, maîtrisant une technologie qui nous est inconnue, alors le récit officiel de l'évolution, de la domination et du progrès s'effondre.

Car la véritable crainte du système n'est pas que vous croyiez aux extraterrestres, mais que vous cessiez de croire en vos propres limites. Ceux qui veulent encore vous convaincre que vous êtes lié aux actualités, aux pandémies, aux vaccins, à l'aspirine, à l'inflation ou à ce que les autres disent.

Ce qui émerge du lac Baïkal n'est pas seulement un mystère : c'est un signe. Une invitation à se rappeler que le profond a toujours été là. Non pas comme une menace, mais comme une vérité.

## PHOTOGRAPHIES CLAIRES D'OSNIS SORTANT DE L'EAU QUI ONT ÉTÉ CENSURÉES

En mars 1971, un sous-marin de la marine américaine a enregistré une séquence d'images choquantes lors d'une mission secrète entre l'Islande et l'île Jan Mayen, dans l'Atlantique Nord. Les photographies montraient des objets métalliques émergeant directement de l'océan, avec une précision et une symétrie impossibles à expliquer avec la technologie terrestre.

Qu'est-ce que cela nous révèle ? Que l'incroyable s'est non seulement produit... mais qu'il a été documenté, archivé et passé sous silence. Alors que le monde regardait vers le ciel, le plus révélateur se passait sous l'eau, loin des radars sociaux, culturels et scientifiques.

Ces images ne sont pas seulement des preuves visuelles. Elles confirment ce que de nombreuses cultures anciennes pressentaient déjà : la vérité ne se révèle pas à grands cris, elle se filtre dans l'ombre. Et lorsqu'une image parvient à capturer ce qui ne devait pas être vu, elle n'est pas détruite. Elle est censurée.

*Emplacement de l'île*

*Ce matériel a été classé confidentiel et caché pendant des décennies.*

# SEBASTIAN SANN

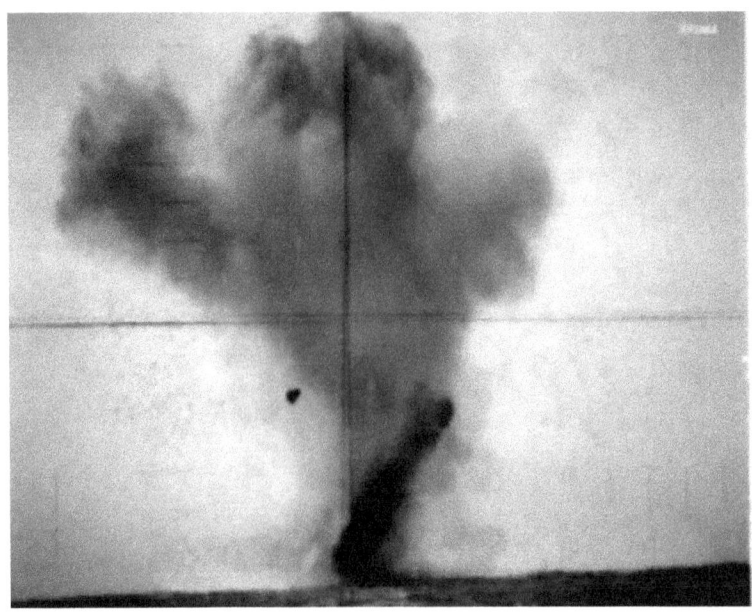

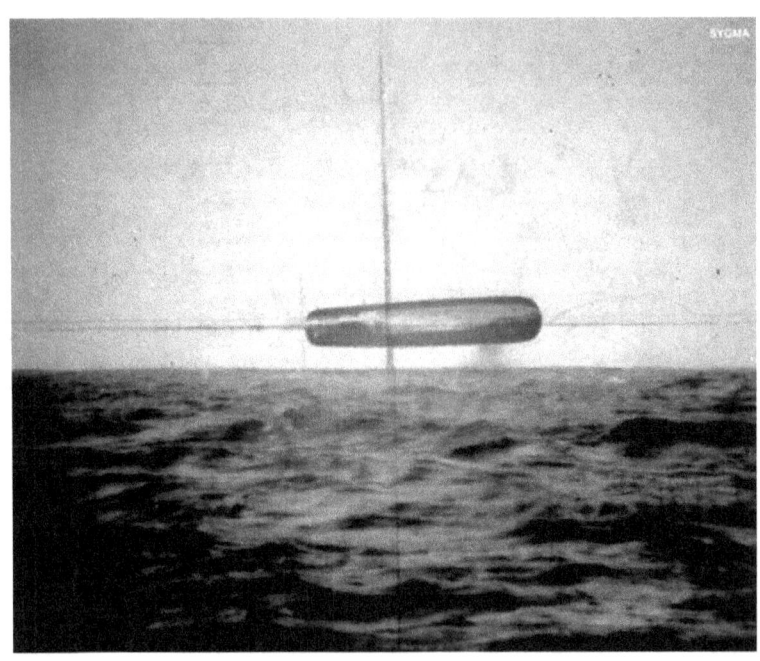

## DIEU, LE DIVIN ET L'EXTRATERRESTRE SONT LIÉS

Après tout ce que nous avons vu — des vaisseaux sortant de l'eau, des cercles dans la glace détectés depuis l'espace, des documents divulgués et des géants qui continuent d'apparaître dans les récits actuels — la vraie question n'est pas « existent-ils ? », mais « *pourquoi continuent-ils à le cacher ?* ».

La réponse a toujours été sous nos yeux.

Il suffit d'observer les œuvres anciennes : **la Madone de San Giovanni**, **le Baptême du Christ** ou **Le Livre des Bonnes Mœurs**.

*La Madone de Saint-Jean (1350) : un objet volant au-dessus de l'épaule droite.*

*Le Baptême du Christ (Aert de Gelder, 1710) : une figure céleste émet de la lumière sur Jésus, avec une ressemblance frappante avec un OVNI moderne.*

*À gauche, le Livre des bonnes mœurs (de 1404) du Français Jacques Legrand, montrant une sphère identique à celle qui est tombée à Buga, en Colombie, en 2025, représentée à droite.*

Toutes représentent la même chose : des sphères, des lumières, des présences célestes. Et le plus intéressant, c'est que ces mêmes formes apparaissent aujourd'hui dans des enregistrements réels. Même motif. Même conception. Même silence officiel.

Une coïncidence ? Non. C'est une continuité.

Le récit est cohérent, mais on ne nous l'a jamais enseigné dans le cadre de l'histoire. Pourquoi ? Parce que ce que vous croyez du passé définit ce que vous croyez de vous-même. Si vous acceptez que « les dieux » n'étaient que des contes symboliques, vous ne vous permettrez jamais d'activer votre véritable potentiel. Mais si vous reconnaissez que le divin, le stellaire et le sacré ont toujours été la même chose, tout change.

Et si vous étiez également un canal de cette énergie venue des étoiles ? Et si votre ADN n'était pas un accident, mais un logiciel attendant d'être activé à la bonne fréquence ?

Ce n'est pas du folklore. Ce sont des informations. Mais elles ne sont pas là pour être accumulées, mais pour être utilisées. Car si tout est vibration et que vous vibrez à un niveau bas, vous ne verrez jamais ce qui se trouve au-dessus. Mais si vous élevez votre état, purifiez votre environnement et affinez votre conscience... vous commencerez à percevoir ce qui a toujours été là, même si auparavant vous n'étiez pas à l'écoute.

C'est le véritable secret des « extraterrestres » : ils ne sont pas à l'extérieur, mais sur une autre fréquence. Et vous pouvez y accéder, non pas avec des télescopes ou des théories, mais avec votre vibration quotidienne.

C'est pourquoi j'insiste : il ne s'agit pas de croire ou de ne pas croire. *Il s'agit de se souvenir.* De reconnaître que l'histoire a été écrite pour nous rabaisser, tandis que la Vérité émerge de partout pour nous élever.

La Matrice ne se brise pas en regardant le ciel. Elle se brise en se souvenant qui la rêve. Et ce quelqu'un... c'est vous.

## LA VÉRITÉ N'EST PAS À L'EXTÉRIEUR

Après tout ce parcours — à travers des ruines impossibles, des empreintes géantes, des pyramides insondables, des récits passés sous silence et des navires sous-marins —, une chose devient indéniable : nous ne savons presque rien. Ou peut-être que si... mais on nous a appris à ne pas nous en souvenir, à tel point que lorsque la vérité sur absolument tout se trouve devant nous, nous doutons tout simplement.

Je n'ai pas toutes les réponses. En fait, je suis sûr de ne pas les avoir. Mais il y a une chose à laquelle nous ne pouvons échapper : les preuves sont si nombreuses, si cohérentes entre elles, qu'il ne s'agit plus de croire ou de ne pas croire. Il s'agit de voir. De voir avec des yeux humbles, étonnés, avec des yeux qui se souviennent. Il s'agit de voir avec les yeux du cœur plutôt qu'avec ceux de l'esprit.

De voir qu'il y a des objets dans le ciel. Des objets dans l'eau. Des objets sous la terre. Des géants qui ont marché parmi nous. Et des technologies capables de changer le cours de l'humanité, mais qui ont été systématiquement supprimées.

L'esprit humain n'est pas conçu pour comprendre des dimensions qui dépassent sa programmation. Mais l'âme, oui. Et quand quelque chose est vrai, on le reconnaît, même si on ne le comprend pas.

C'est ce que vous ressentez lorsque vous lisez ces mots. Ce n'est pas de la logique, c'est de la résonance.

Tout cela peut sembler relever de la science-fiction. Mais qu'est-ce que la science-fiction, sinon le futur nié ? Et qu'est-ce que la vérité, sinon ce qui ne peut être tu ?

Nous sommes des êtres spirituels qui jouent à être humains, et non des humains qui recherchent le spirituel.

Et c'est seulement lorsque vous vous en souvenez que la vie commence à se libérer de ses frontières. Nous commençons à jouer du côté actif de l'infini, où la guérison, la transcendance et l'expansion de l'âme ne sont plus des objectifs : elles sont inévitables.

> *« Allumer la lampe vers l'occulte n'est pas seulement pour voir ce qu'il y a à l'extérieur. C'est pour se souvenir de ce qu'il y a à l'intérieur de vous. Votre ADN n'est pas humain : il est divin, stellaire et multidimensionnel. »*

Nous entrons maintenant dans la dernière phase de ce voyage. Une phase où il ne s'agit plus de comprendre avec l'esprit, mais de se souvenir avec l'âme et de ressentir avec le cœur. Nous allons transcender la Matrice. Nous allons transcender nos propres pensées et la logique même que nous avons formée pour rester dans le jeu.

Je sais que le chemin a été long. Si vous êtes arrivé jusqu'ici et que vous avez maintenu la présence et la responsabilité que nous avons établies comme base dans le chapitre un, je ne doute pas que votre vie ait déjà complètement changé.

Peut-être n'ont-il fallu que quelques heures pour arriver à ce stade du livre. Peut-être le reprenez-vous après des semaines ou des mois. Quoi qu'il en soit, arriver jusqu'ici est un acte de courage. Tout le monde n'a pas l'humilité suffisante pour regarder son ombre et affronter la réalité de ce monde.

C'est pourquoi je veux avoir de vos nouvelles. J'aimerais beaucoup que vous m'envoyiez un message sur mon compte Instagram pour me dire ce qui vous a le plus coûté à lâcher et quelle vérité vous a le plus marqué, celle qui, rien qu'en la comprenant, a élargi votre vision de la vie et l'a rendue plus puissante.

Je vous laisse avec la dernière étape. Nous allons maintenant aborder le plus puissant : l'intégration finale de la vérité et son expression. Nous allons tout nous rappeler.

CHAPITRE 3

# TRANSCENDER LA MATRICE

## L'UNION ABSOLUE

Les deux faces d'une même médaille. Le tout et le néant n'existent pas et existent à la fois.

Dans ce chapitre, nous allons dépasser les limites de l'esprit, car ici, vous n'en avez pas besoin. N'essayez pas de comprendre : laissez-vous imprégner par l'abondance de l'incompréhension, en vous permettant d'être emporté vers des niveaux universels où tout a un sens… et où rien n'en a, en même temps.

Si le tout est l'un, et l'un est le néant, alors qui êtes-vous ? Le même point qui compose le tout compose le néant ; parler des deux vous plonge, sans vous poser de questions, dans le point d'équilibre. Voyons cela plus en détail.

## LES LIMITES DE NOS SENS

Permettez-moi d'approfondir : lorsque vous commencez à concevoir l'espace-temps comme « tout ce qui existe »… qu'est-ce que ce « tout » ? Où se trouve-t-il ?

Selon diverses recherches, ce « tout » ne contient rien d'autre que de l'espace vide. Comment se manifeste-t-il alors dans les objets que nous voyons et dans la réalité que nous concevons ? À travers notre *perception tridimensionnelle* du monde comme construction de formes et d'objets.

Si vous y réfléchissez, vous savez que ceci est un livre et qu'il contient des informations parce que vous avez déjà lu un livre auparavant, ou parce que quelqu'un vous l'a dit. Il en va de même pour le verre dans lequel vous versez de l'eau : vous le soulevez et le portez à votre bouche parce que c'est ce que vous avez fait par le passé. **La réalité est une construction du passé.**

Le plus curieux, c'est que nous sommes convaincus depuis des millénaires de cette « vérité » : croire que ce que nous percevons est la seule chose qui existe, la seule chose réelle.

Notre spectre de vision ne nous permet de percevoir qu'une infime partie des ondes électromagnétiques qui existent dans le cosmos. Selon le docteur Karan Raj, l'œil humain ne capte qu'environ **0,0035 %** de la réalité.

Et oui, vous avez bien lu ce chiffre : nous n'atteignons même pas 1 %.

Je ne sais pas ce qui vous anime actuellement dans votre système de croyances, mais lorsque j'ai découvert ce chiffre, je suis tombé dans un état d'humilité que je n'avais jamais connu auparavant. Je me suis dit, à , ni plus ni moins, que je n'avais aucune idée de rien. Que tout ce que j'avais affirmé comme vrai pendant des années n'était qu'une fraction de perception. D'où la phrase : « *Ce qui est vraiment réel, c'est ce que vous ne voyez pas* ».

## LE PARADOXE DE LA RÉALITÉ

« La réalité dépend de l'endroit où vous portez votre attention, car le visible n'est que l'ombre de l'invisible. Tout est là, mais vous ne voyez que ce pour quoi vous êtes prêt. »

La vérité ne se trouve pas dans la perception, car la vérité englobe tout. Écrire ce livre a été un défi jusqu'à ce que je puisse le relier à la théorie de l'univers holographique, qui nous rappelle que **la partie compose également le tout**.

Si tel est le cas, me suis-je dit, la seule vérité — qu'elle soit perçue ou non par chaque lecteur qui croisera ce livre — restera la vérité, car chacun, tout comme moi, est une petite partie de ce même tout. Et fin. À partir de là, il n'y a plus de recherche ni de besoin de combler quoi que ce soit. L'idée que « quelque chose manque » s'évanouit en un instant de conscience : vous cessez de *percevoir* pour commencer à **voir**.

## LA PARTIE CONTIENT LE TOUT

Cela confirme une évidence : notre réalité est limitée, ou plutôt, *limitée* dans sa réalité. Non pas parce qu'elle n'existe pas à un certain niveau, mais parce que nous croyons que seule cette réalité est réelle.

Comprendre que tout et rien sont la même chose nous conduit au point qui les contient : le rien et le tout unifiés en quelque chose.

Qu'est-ce que ce « quelque chose » ? Dans les sous-chapitres suivants, nous aborderons différents points qui peuvent nous rapprocher, non pas de la compréhension, mais du **souvenir** de ce quelque chose. Car tout ce que vous croyez voir à l'extérieur a d'abord dû être vu à l'intérieur.

> *« La vraie vision ne se fait pas avec les yeux. Elle se fait avec la conscience. »*

Allons encore plus loin : outre la vue, d'autres sens jouent un rôle crucial dans la construction de ce que nous appelons la réalité.

## LA MUSIQUE DES ÉTOILES

Que se passerait-il si les pierres ne pesaient pas autant que nous le croyons ? Que se passerait-il s'il existait des sons qui non seulement s'entendent, mais qui élèvent ?

On a appelé **cela la lévitation acoustique**. Mais au-delà du nom technique, il s'agit de quelque chose que l'esprit ne peut comprendre et que le cœur ne peut nier : il existe des fréquences qui font bouger l'immobile. Des vibrations capables de suspendre des corps dans les airs sans que rien de visible ne les soutienne.

Ce qui est impressionnant, ce n'est pas que cela se produise. Ce qui est impressionnant, c'est que cela s'est toujours produit.

Des cultures entières le savaient. Les civilisations anciennes ont construit des temples que nous ne pourrions pas reproduire aujourd'hui, même avec toute notre technologie. Avec quelle force l'ont-elles fait ? Avec quelles grues ? Peut-être avec une force invisible.

Edward Leedskalnin, un sculpteur letton du siècle dernier, l'avait compris. Il a construit, tout seul, un parc entier de rochers de plus de 30 tonnes. Sans aide. Sans machines. Et quand on lui a demandé comment il avait fait, il a répondu , quelque chose qui ne semblait pas être une réponse : « Je savais accorder la musique des étoiles. »

Il a littéralement dit :

« J›ai découvert les secrets des pyramides et j›ai compris comment les Égyptiens et les anciens constructeurs du Pérou, du Yucatán et d›Asie, avec seulement des outils primitifs, ont soulevé et posé des blocs de pierre pesant plusieurs tonnes. »

Il chantait en chœur. Les rochers bougeaient. Ses voisins l'ont vu. La science l'a ignoré.

La même chose s'est produite au Tibet, où un groupe de moines utilisait des cornes et des tambours pour faire flotter des pierres. Un médecin suédois a assisté au rituel, l'a enregistré et, à son retour en Europe... le matériel a disparu. Une fois de plus, le mystère a été enterré sous le tapis du « rationnel ».

La question n'est pas de savoir si cela est réel. La question est : pourquoi avons-nous tant de mal à y croire ?

Peut-être parce que tout cela remet en question l'idée que le monde fonctionne par la force brute. Peut-être parce que cela nous rappelle qu'il n'est pas nécessaire de pousser pour transformer la forme... il suffit de vibrer différemment.

Et si ces pierres ont pu s'élever grâce au son... quelle partie de vous-même pourrait également s'élever si vous vous accordiez à une autre fréquence ?

Mais quel est l'intérêt de parler de pierres flottantes ou de sculpteurs qui déplaçaient des tonnes avec leur voix ?

Parce que nous entrons dans une réalité imperceptible pour l'ego. Quelque chose que le monde moderne nie, mais que les cultures anciennes comprenaient parfaitement : le réel n'est pas toujours visible. Et ce qui n'est pas visible est ce qui soutient tout ce que nous appelons la « réalité physique ».

Alors, comment comprendre une réalité qui ne peut être ni vue ni comprise ? La suggestion est la même qu'au début : **n'essayez pas de comprendre. Ressentez.** Ce chapitre est fait pour être ressenti, pas expliqué.

## DÉBLOQUER UNE MENTALITÉ INFINI

Tout vibre. Tout bouge. Tout est connecté. Ce que nous avons vu à propos de la lévitation acoustique ne fait qu'expliquer ce que vous et moi expérimentons tout le temps dans l : la vibration énergétique et la connectivité invisible de toutes choses.

Ce qui est merveilleux, c'est que, en tant que partie d'un tout, notre esprit devient infini. Infini en possibilités.

> « *Nous pouvons être, faire et avoir tout ce que nous croyons pouvoir être, faire et avoir.* »

## CO-CRÉER L'EXPÉRIENCE

Comprendre que vous possédez un esprit infini vous ouvre les portes d'un monde sans limites. Un monde où il existe d'innombrables façons de voir ce qui se passe... ou de créer ce que vous souhaitez voir se produire.

À partir d'un niveau de séparation, les choses se produisent simplement.

À partir d'un niveau d'unité, tout ce que vous êtes se produit tout le temps et en même temps, car il n'y a pas de séparation réelle. Cette séparation est une création mentale qui vous a été enseignée depuis votre enfance. C'est la Matrice : elle vous apprend à séparer, étiqueter, classer... au lieu d'intégrer, ce qui est en ré e qui vous redonne le pouvoir qui vous a toujours appartenu : *créer*.

## VOUS AVEZ ÉCRIT CE LIVRE

Revenons un peu sur terre : le fait que vous lisiez un livre pour connaître « la seule vérité » était l'une des nombreuses possibilités qui existaient dans l'univers.

De mon point de vue, j'ai écrit ce livre. Mais en réalité, pour que vous le lisiez, vous avez dû créer cet événement. Je ne vous connaissais pas, je ne savais pas qu'il y aurait un lecteur qui serait en résonance avec ce message. En choisissant le titre du livre, j'ai fait un choix parmi une infinité de possibilités, toutes valables, toutes potentiellement réelles.

La révélation est simple : **nous créons tous en permanence, tandis que tout se crée tout seul**. C'est le néant qui se fond dans le tout. Ou le tout qui se manifeste dans le néant même.

## TOUT CE QUE VOUS VOYEZ DÉPEND DE VOUS

C'est ce que les scientifiques ont appelé le comportement onde ou particule de l'énergie : sa manifestation dépend de celui qui l'observe.

C'est pourquoi ce livre peut être, pour vous, profondément révélateur et contenir toute la vérité… alors que pour quelqu'un d'autre, il peut s'avérer inutile, faux, voire dangereux.

Qui a raison ? Les deux. Aucun. Parce que tout dépend de l'observateur.

De mon point de vue, ce livre contient toute la vérité, car vous êtes déjà toute la vérité qui existe. Dans un esprit dépourvu, ce livre sera dépourvu. Dans un esprit ouvert à la totalité, il sera une clé. Ce qui est merveilleux dans le Tout, c'est que chaque partie représente la totalité, et c'est pourquoi l'expansion devient inévitable lorsque nous intégrons cette vérité dans notre vie et dans notre quotidien.

> *« L'univers n'est pas en dehors de vous : vous êtes une image complète du Tout contenue dans une seule cellule de son infinité. »*

## NE PAS TOUT SAVOIR, C'EST TOUT SE SOUVENIR

Pour comprendre la vérité, il n'est pas nécessaire de tout savoir. Il suffit de ne rien savoir. Ou, mieux encore : de cesser de croire que nous avons besoin de savoir quelque chose, et de nous permettre de nous considérer comme faisant partie de la vérité elle-même... et alors, de la vivre.

Si vous y prêtez attention, c'est la même vérité que j'ai partagée au début du livre : pour que tout cela ait un sens, vous devez rester humble et dans un « je ne sais pas » constant. C'est ce qui rend quelqu'un vraiment sage : reconnaître qu'il ne sait absolument rien.

Comment activer l'esprit infini ? En cessant de penser comme un humain.

Vous vous souvenez ? « Des êtres spirituels dans une expérience humaine ». Mais si vous ne retirez pas le voile qui couvre vos yeux chaque jour, vous continuerez à croire que la réalité se limite à ce que vous pouvez toucher, sentir, entendre ou percevoir.

À mesure que nous élargissons notre conception de nous-mêmes, nous commençons à nous unir à l'infini, en reconnaissant l'éternité de notre essence. C'est seulement ainsi que nous pouvons laisser place à une vie à partir d'un état d'esprit infini : sans temps, sans espace, sans limites.

Il s'agit de laisser plus de place au sentiment du cœur qu'à la pensée de l'ego.

## LES OMBRES DE LA RÉALITÉ

Comme nous l'avons mentionné au début de ce chapitre, notre capacité de vision au niveau spectral n'atteint même pas **0,1** %. Cela ne confirme-t-il pas tout ce que nous avons exprimé dans ce livre ?

Nous sommes très limités dans notre façon d'aborder et d'assimiler la totalité du cosmos. En réalité, ce que renferme l'univers va bien au-delà de tous nos sens. Il est difficile de mesurer l'énorme quantité de choses que nous ne sommes pas capables de percevoir. Voyons cela de manière graphique.

Une vidéo intitulée « Comparaison des étoiles » circule sur YouTube, je vous recommande de la regarder dès que possible. Je vais vous laisser quelques images pour que vous puissiez continuer à lire sans perdre le fil, mais vraiment, regardez-la :

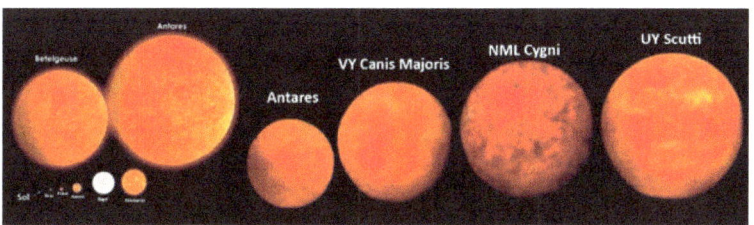

*Image comparative de certaines des plus grandes étoiles connues par rapport à notre soleil*

Même le soleil, qui est **1 294 000 fois plus grand que la Terre**, semble minuscule, presque inexistant, lorsqu'on le compare à certaines des plus grandes étoiles que nous connaissons. Et pourtant, ce ne sont pas les plus grandes. À l'échelle universelle, le soleil et la Terre sont pratiquement inexistants. Maintenant, imaginez-nous, vous et moi, à cette échelle. Pour certains, cela serait même une blague qui ne les ferait pas rire.

Dans cette comparaison, n'est-il pas logique de penser qu'il existe là-bas des vaisseaux spatiaux, et même des êtres beaucoup plus grands que nous ? Peut-être des dizaines ou des centaines de fois plus grands.

Regardez cette image :

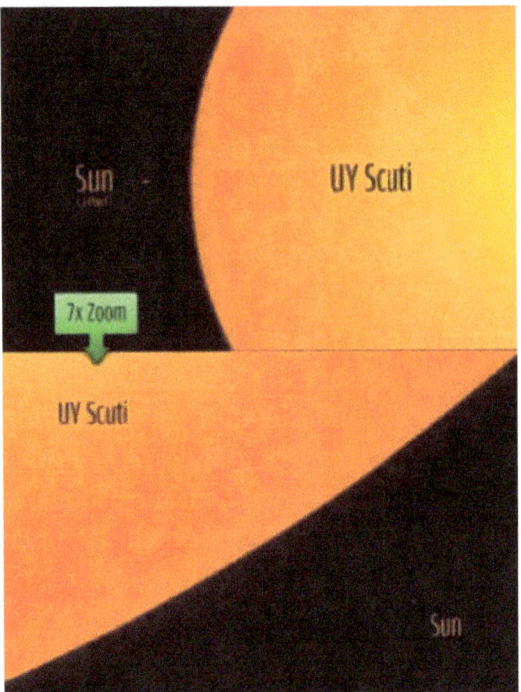

*Le soleil comparé à UY Scut*

Cette étoile est l'une des plus grandes étoiles de notre galaxie. Et je souligne : *uniquement* dans notre galaxie.

Donc, si vous avez encore le couvercle de votre crâne qui maintient votre cerveau en place, tenez-le bien... car avec les images suivantes, il risque de vous échapper.

Vous vous souvenez quand nous avons parlé des **0,0035 % de perception** ? Eh bien, ce que vous lisez actuellement fait partie intégrante de ces **99,9965 %** qui ont toujours été là, attendant d'être reconnus.

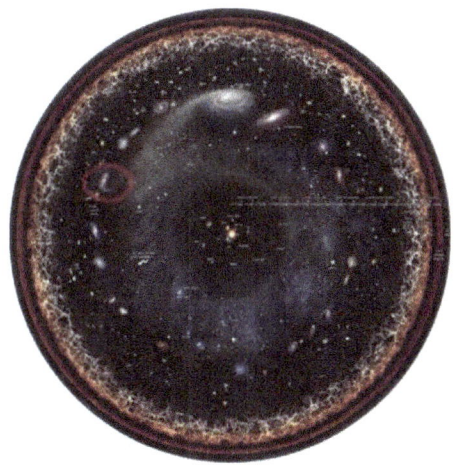

Voici **l'univers observable** à ce jour. Le cercle rouge marque l'amas de galaxies appelé **Laniakea**.

Laniakea contient plus de **100 000 galaxies**, dont la Voie lactée.

Et ici, dans cette Voie lactée, un point blanc indique notre système solaire. Une galaxie dont la masse est estimée à 10 puissance 12 masses solaires.

De là, nous descendons : du système solaire à la planète Terre, de la Terre à votre pays, de votre pays à votre ville, de votre ville à votre quartier, de votre quartier à votre rue… et enfin, à votre maison.

À ce stade, vous méritez de faire une pause et de respirer.

Je sais que ce livre est facile à lire parce que ces sujets vous passionnent, mais ne vous renfermez pas sur vous-même. Partagez-le. Parlez-en. Ne laissez pas la vérité stagner. Brisez la matrice avec votre voix.

Lorsque nous comprenons où nous nous situons dans l'univers, tout prend sens… et rien n'a plus de sens à la fois. Pensez-y : si vous et moi sommes pratiquement inexistants à l'échelle galactique, pourquoi n'y aurait-il pas des planètes cent fois plus grandes, avec des êtres de 15, 20 ou même 100 mètres de haut ? Ou des vaisseaux qui font passer nos gratte-ciel pour des jouets ?

Cela peut sembler farfelu si vous y pensez comme une idée isolée. Mais avec tout le contexte dont vous disposez maintenant, cela vous semble-t-il toujours impossible ? Si vous n'êtes rien mais en même temps partie intégrante du Tout... qu'est-ce qui ne serait pas possible d'être, de faire ou d'avoir pour vous ?

## LA VÉRITÉ EST DÉJÀ EN VOUS

Maintenant, vous le savez. Vous le vivez. Et pour que cette vérité se répande — et vous avec elle — votre tâche est de la partager.

Pour connaître la vérité, il suffit de vivre. Et pour apprendre à vivre, vous avez tout le premier chapitre de ce livre. L'âme commence à vivre lorsque vous cessez de dériver et que vous assumez la responsabilité d'être en vie.

Maintenant, continuons. Car il y a autre chose. Quelque chose qui est au-dessus de tout et de tous. Quelque chose qui ne comprend ni l'espace, ni le temps, ni la matière. Quelque chose que vous ne pourrez jamais comprendre à partir de votre ego... mais qui est la seule chose qui vous maintient en vie.

Je vais vous dire la vérité sur **Dieu**, d'un point de vue que vous n'avez peut-être jamais envisagé. Nous allons intégrer, une fois pour toutes, le néant et le tout.

## LA VÉRITÉ DE DIEU

À partir de ce point, les mots cessent d'être des explications et deviennent des clés. Ce que vous êtes sur le point de lire ne se comprend pas avec l'esprit... il se reconnaît avec l'âme. Et si vous ne comprenez pas quelque chose, cela n'a pas d'importance, car vous n'êtes pas venu ici pour comprendre : vous êtes venu pour vous souvenir. Quand quelque chose vibre en vous, même si vous ne savez pas pourquoi, c'est parce que vous le saviez déjà. Vous l'aviez simplement oublié.

Dans le libre arbitre dans lequel nous évoluons, nous avons la capacité de décider. Mais que nous l'écoutions ou non, que nous le voyions ou non, que nous le sentions ou non, Dieu est toujours là. Et ne pensez pas à Lui comme à quelque chose que l'on peut penser : ce n'est pas possible. Je le répète, essayer de se connecter à ces mots à partir de l'esprit rationnel impliquerait sa destruction. Ce que vous lisez ici peut sembler fou, et vous êtes tout à fait libre de le penser. Mais dites-moi : pensez-vous que j'aurais pu écrire ce livre si vous ne l'étiez pas en train de le lire ? Si vous répondez oui, comment sauriez-vous alors que ce livre existe ? Et s'il n'existait pas, comment aurais-je pu l'écrire ? C'est dans ce paradoxe que réside l'empreinte de Dieu.

## RIEN N'EST LE FRUIT DU HASARD

Tous les processus qui se produisent dans le monde sont le fruit de notre esprit infini. Rien ne se produit « sans raison », ni d't par hasard. Il y a toujours quelque chose qui précède et qui le soutient. Nous pouvons appeler cela Dieu, synchronicité, intelligence infinie, divinité.

Au début, je préférais l'appeler « l'univers », « l'énergie », « la vie », car pendant longtemps, j'ai associé « Dieu » à la figure rigide que le christianisme nous a vendue, étant donné que je suis né dans cette culture. Mais vous le savez : il existe plus de deux mille religions connues et, en fin de compte, chaque être humain invente la sienne. Parce qu'il n'y a pas une seule façon de voir les choses.

Oui, c'est curieux que cela vienne de quelqu'un qui a écrit un livre intitulé *La seule vérité*. C'est précisément là que réside la clé de cette rencontre : vous lisez *La seule vérité*, je crois l'écrire. Vous pensez que cette vérité est la mienne ; je crois que c'est vous qui pouvez la découvrir.

Nous ne sommes qu'une partie d'une même pensée divisée, car nous croyons encore que quelqu'un nous écoute là-bas, ou qu'il y a quelqu'un à écouter. Je l'ai créé pour que vous lisiez ce livre, même si au fond, je l'ai écrit pour moi-même.

Quelle est la différence entre vous et moi ? Beaucoup ? Peut-être. Et maintenant, encore une fois : quelle est la différence entre vous et moi ? En réalité, aucune.

Nous sommes deux gouttes séparées qui croient ne pas faire partie de l'immense océan qui les soutient. C'est ainsi que nous jouons ce jeu la plupart du temps.

La pensée même qui donne naissance à la question contient la réponse, car les deux existent déjà dans la pensée. Tout est intimement lié. Les pensées s'entendent et résonnent pour l'éternité dans la source infinie de conscience à laquelle nous appartenons tous.

Cette conscience, cette omnipotence, c'est Dieu. Ce que nous ne comprenons pas, ce que nous ne saisissons pas, ce que nous ressentons. Ce qui nous fait ouvrir les yeux chaque jour sans savoir comment, ce qui nous fait dormir sans que nous nous en rendions compte. Cette connexion imperceptible qui soutient tout.

Après avoir longtemps écouté différentes versions sur Dieu et l'existence, j'ai enfin trouvé une base solide sur la création. J'ai toujours voulu savoir ce qu'il y a derrière le tout et le néant, et ce qui les unit. Et puis j'ai découvert un nouveau commencement, le commencement qui révèle que...

## LE MONDE A ÉTÉ CRÉÉ À PARTIR DE LA VIBRATION

Et cette vibration est un son pur. Beaucoup de ceux qui liront ces pages se considèrent peut-être comme athées, et d'autres ont peut-être le sentiment qu'il existe quelque chose au-delà qui n'a pas d'explication. Quel que soit l'endroit où vous vous trouvez en lisant ceci, ce qui suit va bien au-delà de ce que vous avez jamais conçu sous le mot « Dieu ».

> « Tout a été créé par une fréquence originelle. Une intention vibrante, une énergie ordonnatrice, une impulsion créatrice. »

Nous allons plonger au plus profond de votre être. Je pense que cela est nécessaire pour établir une conscience claire qui vous permettra, à partir de maintenant, de continuer à jouer le jeu de la vie à un autre niveau. Nous avons déjà abordé de nombreux sujets, plus ou moins controversés, mais si vous parvenez à ressentir ce que contient cette partie, tout ce que vous avez lu auparavant ne sera qu'un complément à votre propre existence.

Vous verrez que vous n'aurez plus besoin de chercher, qu'il n'y aura pas de vérité à l'extérieur ni besoin de continuer à chercher des réponses. Cette dernière partie pourrait faire l'objet d'un livre entier, mais de ceux qui n'ont besoin que de quelques pages pour révéler l'essentiel, car il arrive un moment où les mots deviennent inutiles.

Je dirai seulement ceci : moins vous comprenez avec votre esprit ce que vous lisez ici, plus vous aurez compris... car ce message ne vient pas de moi vers vous, mais de vous-même vers vous-même.

Ouvrons donc quelques portes de la réalité qui soutient ce monde.

**Porte 1 : Le son comme créateur de forme**

Erik Larson a créé une machine qui permet de « voir » le son. Oui, voir avec les yeux ce qui n'est normalement qu'audible. Cet appareil, connu sous le nom de Cymascope, utilise l'eau et les vibrations pour montrer comment chaque son génère une forme. Comme si chaque note de musique dessinait un mandala invisible dans l'eau. Cela ressemble à de la magie, mais c'est de la science : le son laisse une empreinte, même lorsque vous ne le voyez pas.

Voici quelques-unes des images obtenues avec le Cymascope :

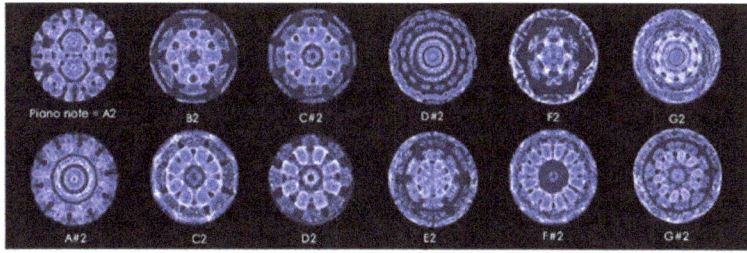

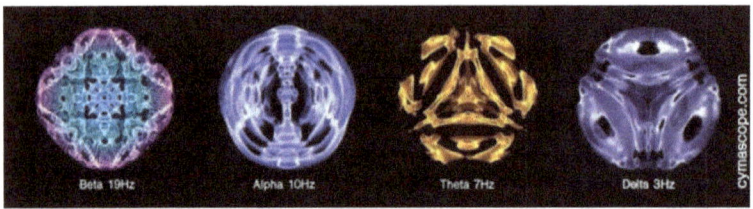

Le Cymascope ne produit pas de sons, il les révèle. Il fonctionne comme un traducteur qui rend visible l'invisible, laissant des motifs qui ressemblent à des peintures réalisées par la musique. C'est ce qu'on appelle la « musique visible », car on peut littéralement voir comment elle sonne.

Et si vous avez encore du mal à imaginer comment une vibration peut donner naissance à la matière, il suffit de se rappeler l'un des textes les plus anciens conservés par l'humanité :

**« Que la lumière soit, et la lumière fut… »** *(Genèse 1:3)*

La lumière n'est pas apparue par hasard : elle est apparue parce qu'elle a été prononcée. Le son l'a appelée. Et ce motif traverse tout : ce que vous nommez s'active, ce qui vibre se manifeste.

Dans un autre exemple du Cymascope, la voix humaine a été projetée, et je vous recommande de regarder cette vidéo sur son site officiel (Cymascope.com). Vous pouvez y observer comment la voix elle-même a un pouvoir créateur, tout comme chaque pensée que nous nourrissons. C'est pourquoi le fait d'être conscient de nos pensées transforme directement notre énergie.

On pense même que certaines des formes générées par le Cymascope ont inspiré des symboles religieux tels que la **croix copte** ou la **croix celtique**.

*Croix copte et croix celtique*

Le cercle intérieur de ces représentations indique clairement que les anciens savaient que la source de la création était le son lui-même, et ils l'ont utilisé dans leurs systèmes symboliques et spirituels.

Le pouvoir du son est si évident qu'il a permis à **Royal Raymond Rife** de guérir des patients atteints de cancer, tout comme il aurait permis, comme nous l'avons déjà exploré, d'ériger bon nombre des constructions mégalithiques qui déconcertent encore aujourd'hui les architectes et les ingénieurs.

Si le son peut former des motifs parfaits dans l'eau… imaginez ce qu'il fait dans votre propre corps, composé en grande partie d'eau.

Chaque mot que vous prononcez sculpte votre champ énergétique. Chaque émotion qui vibre, chaque pensée que vous répétez, façonne votre réalité avec une précision mathématique.

Vous n'émettez pas seulement du son : **vous êtes du son en mouvement**.

Ce principe n'est pas théorique. Il est pratique. Il est quotidien. Et c'est pourquoi il est sacré.

Les anciens le savaient. Ils l'appliquaient dans leur architecture, leurs symboles, leurs chants, leurs langues. Aujourd'hui, nous l'avons oublié, mais il suffit de regarder à nouveau l'invisible pour s'en souvenir.

La question qui reste est simple :

**Quelle fréquence générez-vous avec votre voix, vos pensées et votre présence ?** Car si vous ne le choisissez pas consciemment... quelqu'un d'autre le choisit déjà pour vous.

Et ce n'est pas tout. Si vous ne prenez pas la responsabilité de ce que vous laissez entrer dans votre champ énergétique — ce que vous entendez, ce que vous voyez, ce que vous consommez — vous continuerez à vous programmer sans même vous rendre compte pourquoi vous êtes comme vous êtes, pourquoi vous pensez ce que vous pensez ou pourquoi vous avez ce que vous avez. Le plus curieux dans tout cela, c'est que 98 % de l'humanité croit encore que ses pensées lui appartiennent.

La vérité est tout autre : si vous vivez dans un environnement où le sucré est la norme, votre envie de glace ne vient pas de votre « goût personnel », mais de la programmation constante qui a normalisé le sucre comme récompense ou plaisir. Si, au travail, tout le monde se plaint, parle de crise et répète que « la vie est dure », vous pouvez croire que vos pensées de pénurie sont les vôtres... alors qu'en réalité, elles ne sont que le reflet de votre environnement. Si, dans vos relations, l' u la manipulation, la dépendance ou le drame sont monnaie courante, vos idées sur l'amour ne sont pas libres : ce sont des modèles hérités.

Et l'exemple le plus évident se trouve sous vos yeux tous les jours : les réseaux sociaux. Il suffit de regarder l'historique Instagram ou TikTok de n'importe qui pour savoir ce qui le fait vibrer, ce qu'il désire et ce qui le conditionne. Si vous vous entourez de contenus vides, de danses, de consommation ostentatoire ou de controverses, c'est ce qui programme votre esprit. Ce ne sont pas de simples vidéos : ce sont des microdoses de programmation qui façonnent vos désirs, vos croyances et même ce que vous considérez comme possible pour votre vie.

Il ne s'agit donc pas seulement de ce que vous dites. Il s'agit de ce que vous recevez, de ce que vous acceptez et de ce que vous consommez quotidiennement. Votre champ énergétique sculpte votre réalité avec une précision mathématique. Si vous ne le choisissez pas consciemment... quelqu'un d'autre le choisit déjà pour vous.

## Porte 2 : L'eau, le miroir de Dieu en vous

Pensez-y : lorsque vous vous baignez dans la mer, dans une rivière ou sous une douche chaude... quelque chose se met en place. L'esprit s'apaise. La clarté s'installe. Des idées surgissent. Le corps revient à la maison. Ce n'est pas un hasard. L'eau ne fait pas que nettoyer : elle restaure le canal. Et ce canal, c'est vous.

Si le son est l'outil de la création, alors l'eau est la matière la plus pure pour le recevoir. Et vous êtes de l'eau. Pas au sens figuré, mais littéralement. Votre corps physique est composé à plus de 70 % d'eau. Et si l'on compte les molécules, 99 % de ce qui vous compose l'est également. Mais cette eau n'est pas là par hasard : elle attend des ordres. Des ordres que vous donnez par vos paroles, vos émotions, vos pensées et vos intentions.

Chaque fois que vous dites quelque chose, que vous ressentez quelque chose ou que vous croyez quelque chose, vous informez l'eau qui vous habite. Et cette eau garde en mémoire, transmet des vibrations, structure votre énergie. C'est pourquoi, lorsque vous écoutez de la musique, priez, affirmez ou maudissez, vous ne faites pas quelque chose de symbolique : vous reprogrammez votre biologie vibratoire en temps réel.

Avez-vous déjà remarqué que vos meilleures idées vous viennent sous la douche, à la plage ou sous la pluie ? Vous comprenez maintenant pourquoi. L'eau relâche le contrôle. Elle réduit les ondes mentales. Elle s'accorde à votre essence. Dans cet état de cohérence interne, la vérité apparaît sans résistance. Ce n'est pas que l'eau vous donne des réponses : elle vous permet de vous en souvenir.

La nature vibre à une fréquence de base de 432 Hz. C'est la même fréquence qui résonne dans les sons du vent, dans les cascades, dans les battements d'un cœur calme. Cette fréquence d' , lorsque vous l'écoutez, la chantez ou simplement l'habitez, vous aligne avec le pouls originel de la vie. Ce que la religion appelle Dieu, ce que la physique appelle la cohérence, ce que votre âme reconnaît comme son foyer.

Si vous êtes fait d'eau, et que l'eau répond à la vibration, alors il n'y a pas de mystère : chaque mot que vous prononcez, chaque intention que vous entretenez, façonne votre corps, votre champ, votre journée et votre destin.

> *« L'univers ne vous entend pas lorsque vous criez. Il vous entend lorsque vous vibrez. Et chaque fois que vous vibrez avec vérité, l'eau en vous le sait. Et elle crée. »*

## Porte 3 : L'électron n'est pas de la matière, c'est une vibration

Regardez cette image :

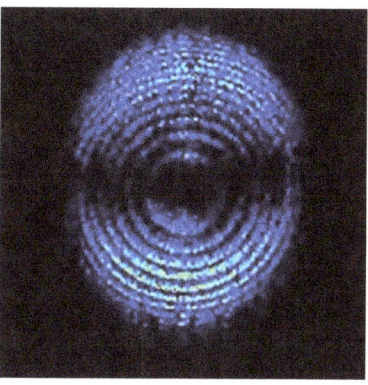

*Électrons ionisés à différentes phases de lumière.*
*Image prise par J. Mauritsson et al., 2008.*

À première vue, cela ressemble à une photo, mais ce n'en est pas une. Ce que nous voyons est une image stroboscopique d'un électron ionisé par des impulsions lumineuses à différentes phases. Ce que nous observons n'est pas une particule au repos, mais une danse énergétique : une réponse vibratoire au champ lumineux qui la traverse.

Où est la particule ? Elle n'est pas là. Parce qu'il n'existe pas de « forme fixe » à la base de la création. Ce que nous voyons ici, c'est une fréquence qui répond à une autre fréquence. Une vibration modelée par une autre vibration.

Ce n'est pas une métaphore spirituelle. C'est de la science. C'est de la physique quantique. C'est une image qui démantèle l'illusion selon laquelle la matière est quelque chose de solide. ***Même l'électron, supposé être la brique de la réalité, n'est rien d'autre qu'une onde en mouvement. Un écho d'intention.***

Tesla a été clair dans sa position : il a exprimé à plusieurs reprises son désaccord avec la théorie atomique de la matière. Certains documents le citent affirmant qu'il ne croyait pas à l'électron tel que le décrit la science moderne, mais considérait la matière comme une manifestation d'énergie plus complexe, régie par des principes vibratoires que nous ne comprenons pas encore tout à fait.

Einstein le remettait également en question. Il soulignait que si l'électron existait tel que le décrit la théorie classique, ses propres forces internes devraient le faire s'effondrer ou se désintégrer... à moins qu'il n'existe une autre force non prise en compte. En d'autres termes, il avertissait que la compréhension de l'électron était insuffisante et que nous interprétions probablement mal l'un des piliers de la matière.

Avec de nombreux autres scientifiques, inventeurs et chercheurs des deux derniers siècles, il a soulevé de sérieuses objections à l'idée traditionnelle de l'électron et de la structure atomique , systématiquement imposée dans le système éducatif.

La plupart des gens la considèrent comme vraie simplement parce qu'ils pensent que ceux qui l'enseignent « en savent plus » ou « ne pourraient pas nous mentir ». Mais l'histoire nous montre autre chose.

**Pourquoi est-ce important ?**

Parce que si l'électron, cette supposée brique de la matière, n'est pas une particule fixe mais une vibration... alors vous l'êtes aussi. Et si vous êtes vibration...

alors vous n'êtes pas une chose. Vous n'êtes pas un corps fixe, ni un objet solide perdu dans l'espace. Vous êtes une fréquence pure. Vous êtes un modèle dynamique, comme une chanson qui n'existe que lorsqu'elle est jouée. Une onde qui se déploie en mouvement.

Et qu'est-ce que cela signifie dans votre vie quotidienne ? Que tout ce que vous émettez — pensées, émotions, mots — modifie la symphonie de votre champ énergétique. Votre santé, vos finances, vos relations et même la clarté de votre objectif ne dépendent pas de votre capacité à repousser les choses, mais à modifier la fréquence qui soutient ces choses.

Changer la vibration n'est pas une métaphore poétique : c'est la science la plus réelle qui soit. La physique quantique ne décrit plus les électrons comme des « briques » de la matière, mais comme des probabilités et des ondes qui répondent à l'observateur. Si la base de la matière vibre, vous vibrez aussi.

À partir de maintenant, cessez de vous demander uniquement « que dois-je faire ? » et commencez à vous demander : « Que se passerait-il si je commençais à vivre chaque jour comme une vibration, plutôt que comme une chose ? »

Car vous n'êtes pas ici pour faire bonne figure devant le monde. Vous êtes ici pour *résonner avec la Vérité*.

## Porte 4 : Le modèle caché dans la géométrie de l'être humain

Un artiste contemporain a publié une vidéo sur sa chaîne dans laquelle il montre comment les humains sont des programmes holographiques et fractals parfaitement conçus. Pour la première fois, cela peut être vu graphiquement de manière très claire, car la vidéo montre comment trois de ses dessins aux formes fractales finissent par créer un visage humain.

La vidéo s'intitule « *Out of all things one, and out of one all things* » et se trouve sur la chaîne YouTube de **Petros Vrellis**. Elle présente d'abord ces trois images :

Il assemble ensuite celle du milieu avec celle de gauche, et voici ce qui apparaît :

Enfin, en ajoutant la troisième, une image nette d'une petite fille apparaît.

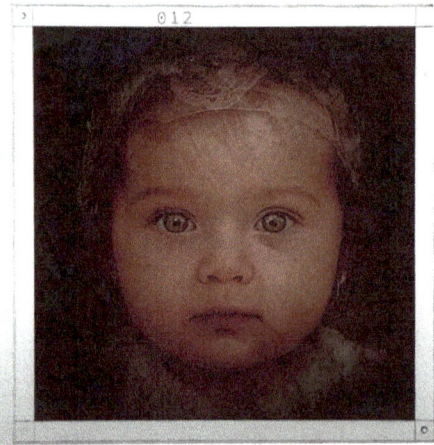

**Pourquoi est-ce surprenant ?**

Imaginez que vous ayez trois dessins étranges, comme des toiles d'araignée ou des gribouillis sans signification. Vus séparément, ils semblent chaotiques. Mais lorsque l'artiste les superpose, comme s'il assemblait un puzzle invisible... le visage d'une petite fille apparaît soudainement. Comme par magie.

C'est comme si Dieu avait caché l'image dans ces formes, attendant que quelqu'un les assemble avec patience et amour pour la révéler.

Et le plus étonnant, c'est que **nous fonctionnons de la même manière**. Nous sommes faits de pièces invisibles — des lignes, des émotions, des fragments — et lorsque celles-ci s'assemblent, le vrai « moi » apparaît.

C'est pourquoi vous ne comprenez parfois pas ce que vous ressentez ou pourquoi vous êtes comme vous êtes. Mais si vous apprenez à assembler vos pièces, à vous regarder avec amour, un jour vous vous verrez complet. Et cela... c'est magnifique.

Ces formes ne sont pas le fruit du hasard. Dans la nature, le semblable se répète à différentes échelles : des galaxies qui ressemblent à des yeux, des noix qui rappellent le cerveau humain, des branches d'arbres qui imitent les réseaux neuronaux. Ce miroir entre le micro et le macro est un indice silencieux que tout a été créé selon un modèle unificateur qui résonne du plus petit au plus grand.

## Porte 5 : Les pierres parlent

Pendant des siècles, les cultures anciennes ont laissé des messages gravés dans la pierre. Il ne s'agissait pas de simples ornements religieux ou de symboles culturels : c'était de la technologie vibratoire. Le son, la fréquence, la géométrie et l'énergie de la Terre et de l' nt été codés dans des structures qui sont encore actives aujourd'hui.

La question n'est pas de savoir si elles sont réelles, mais si nous sommes prêts à les voir pour ce qu'elles sont réellement.

L'un des exemples les plus évidents est celui des cercles de pierres trouvés dans différentes parties du monde. Beaucoup d'entre eux reproduisent **des motifs cymatiques**, c'est-à-dire des figures qui apparaissent lorsqu'une fréquence sonore vibre sur une surface. Ils représentent la vibration de la Terre à des points spécifiques.

Dans plusieurs cas, ces cercles ont été érigés sur des zones à forte énergie électromagnétique, et leur conception reflète la forme des magnétrons : des dispositifs capables de convertir l'électricité en micro-ondes. *Un magnétron à grande échelle pourrait générer plus d'énergie que toutes les centrales électriques de la planète.*

Il en existe des milliers en Afrique australe. Le plus célèbre est le **Calendrier d'Adam**, à Mpumalanga, en Afrique du Sud : un cercle de pierres d'environ 30 mètres de diamètre dont l'ancienneté est estimée à plus de 75 000 ans. De nombreux chercheurs pensent que tous les cercles de pierres d' t de la région sont connectés et que leurs fréquences convergent vers ce point central.

*Calendrier d'Adam, Afrique du Sud.*

Ce type de preuves change complètement le récit. Il ne s'agissait pas de « civilisations primitives », mais de cultures qui comprenaient mieux que nous les lois de la vibration et de l'énergie. Elles savaient que la pierre stocke des informations, réagit au son et amplifie l'énergie. Elles ne l'utilisaient pas parce que c'était la seule matière disponible, mais parce que c'était la plus efficace.

La structure de **Borobudur**, en Indonésie, n'est pas seulement un temple : c'est une machine construite en pierre. Sa symétrie et s nt répondent au mouvement du soleil et aux vibrations du sol. Elle est alignée pour remplir une fonction précise.

*Borobudur, Indonésie*

**Stonehenge**, bien qu'il soit aujourd'hui partiellement reconstruit, conserve une conception basée sur la résonance et la symétrie. Il n'a pas été érigé uniquement pour observer les étoiles, mais aussi pour interagir avec des fréquences invisibles.

*Stonehenge, Angleterre*

Si vous comparez des images aériennes d'anciens temples avec des circuits imprimés modernes, vous verrez que le motif se répète. Ce n'étaient pas des lieux de culte au sens traditionnel du terme : c'étaient **des systèmes énergétiques**, des plaques de fréquence à grande échelle conçues pour recevoir, amplifier et distribuer de l'énergie. Comme le ferait n'importe quelle technologie... mais avec une connaissance que nous commençons seulement à entrevoir.

Il en va de même pour les pyramides. Et pour **Sacsayhuamán**, au Pérou, dont la structure vue du ciel ne ressemble pas à une forteresse, mais à un circuit imprimé.

*Sacsayhuamán, Pérou*

Mais quel est le rapport avec votre vie quotidienne ?

Tout.

Si ces structures étaient une technologie vibratoire, cela signifie que la Terre émet des codes en permanence. Le message est clair : si la pierre peut stocker des informations et résonner avec le son, votre corps le peut aussi.

Vous êtes une antenne. Chaque mot que vous prononcez, chaque émotion que vous ressentez, chaque pensée que vous entretenez, façonne votre champ énergétique de la même manière que ces constructions façonnaient le champ de la planète.

Cela signifie que votre maison peut être un temple. Que votre corps peut fonctionner comme une pyramide active. Que votre routine quotidienne, si elle est bien alignée, devient un outil de manifestation.

Et ce n'est pas symbolique : c'est littéral.

Votre corps possède également un champ électromagnétique, mesurable et réel, qui se dilate ou se contracte en fonction de votre état émotionnel. La peur le contracte. L'amour le dilate. **Le champ du cœur peut être jusqu'à cinq mille fois plus puissant que celui du cerveau.** Et il ne se contente pas de vibrer : il module la réalité qui l'entoure.

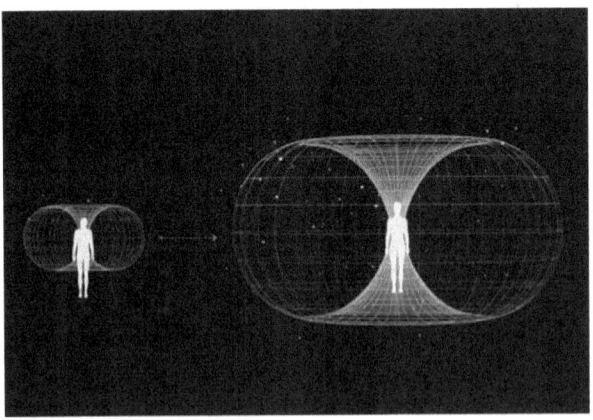

*À gauche : la peur le contracte. À droite : l'amour l'expand.*

Ce même principe que les civilisations anciennes utilisaient avec la pierre et le son se produit en vous. La différence est que maintenant, vous le savez. Et quand il y a conscience, il y a pouvoir.

La vraie question n'est donc pas « pourquoi nous a-t-on menti au sujet des structures anciennes ? », mais «

« Suis-je prêt à concevoir ma vie comme un système énergétique aligné avec la Source ?

— Suis-je prêt à ordonner mon esprit, mes émotions et mes actions comme le ferait un constructeur sacré ?

— Est-ce que je vis comme un canal… ou comme un obstacle ?

Car en fin de compte, la vérité ne se transmet pas avec des mots.

Elle se transmet par vibration.

## **Porte 6 : La technologie vibratoire réelle**

Nous avons déjà vu que la Terre vibre. Que le son donne forme. Que les pierres peuvent stocker des informations. Mais je tiens à souligner que le plus puissant n'est pas que l'univers ait une vibration… mais que vous aussi, vous en avez une. Car vous ne faites pas seulement partie de la création : vous créez également. Nous le faisons tous, que nous en soyons conscients ou non. Et cela se produit par la pensée, car chaque chose qui traverse votre esprit a une fréquence.

Nous ne sommes pas seulement des antennes qui reçoivent des informations ; nous les conservons et les diffusons également. Cela signifie que vous n'êtes pas ici uniquement pour survivre : vous êtes ici pour vous connecter. Pour choisir à quel champ vous souhaitez vous connecter.

Tout au long de l'histoire, certains êtres humains ont réussi quelque chose qui semble impossible : vivre connectés à la Source sans interruption. Non pas parce qu'ils étaient spéciaux, ni parce qu'ils croyaient en quelque chose d'extérieur, mais parce qu'ils se souvenaient de qui ils étaient et agissaient à partir de là, sans distractions.

L'un d'entre eux était Jésus. Mais oubliez l'image qu'on vous a vendue. Jésus n'est pas venu pour être adoré. Il est venu pour que nous nous souvenions de lui en nous. Quand il a dit : « Je suis le chemin, la vérité et la vie. Nul ne vient au Père que par moi », il ne parlait pas de lui-même en tant que personne. Il parlait de l'état dans lequel il vivait : l'unité totale, l'Amour conscient, la Présence sans séparation.

Et il n'était pas le seul révolutionnaire. Krishna l'a exprimé autrement : « Quand un homme voit chaque être comme s'il était *lui-mê*, *alors il n'y a plus de peur.* » Bouddha était tout aussi clair : « Il n'y a pas de chemin vers la paix... la paix est le chemin. »

Au Mexique, Pachita, canalisant Cuauhtémoc, guérissait les corps avec un couteau rouillé et une certitude : ce n'était pas elle qui guérissait, c'était l'Amour qui agissait à travers elle.

Des visages différents. Des noms différents. La même fréquence...

> *« Le chemin n'est pas une foi. C'est la cohérence. La vérité n'est pas une idée. C'est une vibration. La vie n'est pas seulement être en vie. C'est se rappeler que tout est uni par la même Lumière. »*

Incarner le Christ, Krishna, Bouddha ou l'esprit d'un ancêtre, ce n'est pas répéter leur nom : c'est vivre à partir de cet état. Oui, le mot a du pouvoir. En prononçant ces noms, vous apportez leur énergie dans le présent. Mais le véritable impact ne réside pas dans le mot seul, mais dans celui qui le prononce, avec quelle intention et à partir de quel niveau de conscience.

Lorsque vous choisissez cet état, vous n'avez plus besoin d'« atteindre » le Père. Car vous ne l'avez jamais quitté. L'Amour n'est pas un chemin vers l' u Dieu : c'est la reconnaissance qu'il n'y a jamais eu de séparation.

Approfondissons maintenant un peu plus pour relier ces points. Selon le Dr David R. Hawkins, tout dans l'univers vibre à une échelle mesurable. Ce que nous ressentons, pensons, disons et soutenons crée un champ. Jésus, en tant que conscience, a atteint un niveau supérieur à 1000, le maximum de l'échelle de la conscience humaine. Non pas en tant que personnage religieux, mais en tant qu'état pur d'unité avec l'Être.

C'est pourquoi penser à lui, parler de lui ou invoquer son nom à partir de l'Amour — et non de la peur — élève immédiatement sa fréquence.

Des phrases telles que « Par ses blessures, *je suis guéri* », « *Je peux tout en Christ qui me fortifie* » ou « Au nom de Jésus, je t ordonne... » ne sont pas des prières vides de sens. Ce sont *des commandes vibratoires*. Des clés. Non pas parce que Jésus est une amulette, mais parce que le champ qui s'active lorsque vous vibrez avec cette certitude transforme littéralement votre énergie.

Et pourquoi n'en va-t-il pas de même avec Krishna ou Bouddha ? Non pas parce qu'ils ont moins de pouvoir — eux aussi ont atteint près de 1000 sur l'échelle de la conscience, un niveau d' u un niveau de dévotion très élevé —, mais parce que leur champ culturel n'est pas aussi présent dans l'inconscient collectif occidental. Si vous avez grandi en voyant des images de Jésus guérissant, pardonnant, ressuscitant, votre corps, votre esprit et votre champ émotionnel sont déjà programmés pour s'accorder à cette vibration. Il en va de même en Inde avec Krishna, ou en Asie avec Bouddha. Ce qui active le miracle, ce n'est pas le nom en soi, mais l'harmonie entre votre intention et la fréquence à laquelle vous l'invoquez.

Au Japon, par exemple, le mantra « **Namu Myōhō Renge Kyō** » (qui peut être compris comme « je me consacre et m'aligne avec la loi mystique du Sutra du Lotus ») du bouddhisme Nichiren n'est pas seulement une répétition mécanique : c'est la vibration qui aligne le pratiquant avec la loi universelle du Dharma, avec l'énergie créatrice qui soutient toute existence.

En Chine, la pratique du **Qigong** et les chants taoïstes fonctionnent de la même manière : le son n'est pas une fioriture, c'est de l'énergie condensée en vibration, qui débloque le flux du Qi et l'harmonise avec le Tao, la source de l'ordre cosmique.

Le principe est toujours le même : peu importe la langue, la tradition ou le symbole. Ce n'est pas l' u le mot en soi qui ouvre la porte, mais la vibration consciente avec laquelle il est prononcé.

C'est pourquoi Hawkins disait que l'important n'est pas à qui l'on prie, mais à partir de quel niveau de conscience on le fait. Celui qui prie à partir de la peur abaisse sa fréquence même s'il utilise le « bon nom ». Celui qui vibre à partir de l'Amour transforme son champ même sans prononcer un mot.

Ce n'est pas de la religion. Ce n'est pas non plus de la superstition. C'est **une technologie vibratoire réelle**, accessible à tous ceux qui choisissent d'utiliser leur mot avec sincérité.

Vous n'avez pas besoin de prier qui que ce soit pour vous connecter à Dieu. Mais si le nom de Jésus, Krishna, Marie, un mantra, une croix ou un mot vous élève... utilisez-le. Non pas parce qu'il est magique, mais parce que vous choisissez de vibrer avec conscience. Et la conscience, lorsqu'elle est authentique, transforme absolument tout.

## La dernière porte : les 5 visages de Dieu

Vous ne faites pas que vibrer. Vous êtes fait de vibrations. Chaque partie de votre corps est une expression concrète de l'énergie qui soutient l'univers. Ce n'est pas un symbole : c'est une structure vivante qui reflète la même intelligence qui forme les galaxies. Et cette structure est composée de cinq principes essentiels : **les éléments**.

**L'éther** est l'espace qui contient tout. On ne le voit pas, on ne le touche pas, mais il est partout. C'est ce qui permet à la vibration de se manifester. C'est le champ invisible où se produit la création. Lorsque vous ressentez quelque chose de réel sans pouvoir l'expliquer, vous êtes connecté à l'éther.

**L'air** est le premier acte de la vie. Vous respirez sans y penser, mais chaque respiration est une entrée et une sortie de présence. Sans air, il n'y a pas de conscience dans la matière.

**L'eau** est son principal composant. Votre corps, vos émotions et votre mémoire sont faits d'eau. Et l'eau répond à la vibration que vous entretenez. Chaque pensée, chaque mot, chaque émotion structure la qualité de cette eau. C'est pourquoi ce que vous pensez et ressentez ne se perd pas : cela s'imprime.

**Le feu** est l'énergie qui vous anime. C'est la volonté de transformer, la passion, la décision, l'élan vers le vrai. Il n'est pas à l'extérieur : il est dans votre cœur, dans votre champ électrique, dans le désir profond de vivre avec un but.

**La terre** est votre corps. Non pas comme quelque chose de séparé de l'âme, mais comme sa manifestation. Vos os sont la structure. Votre peau est la frontière. Votre digestion, l'intelligence. La terre est l'autel où tout le reste prend forme. Et en habitant votre corps avec conscience, vous rendez sacré le quotidien.

Ces cinq éléments ne sont pas des concepts spirituels isolés. Ils sont la manière concrète dont Dieu opère en vous. Ils ne sont pas à l'extérieur. **C'est vous.** Le son, la respiration, l'émotion, l'énergie, le corps : tous font partie d'une même conscience incarnée.

Si vous vous êtes déjà demandé à quoi ressemble Dieu... regardez-vous.

Pas avec votre ego, mais avec présence. Car **Dieu ne se cache pas**. Il se répète.

Maintenant que vous savez que vous êtes fait des mêmes éléments qui soutiennent la vie, observez-le. Pas avec votre intellect, mais avec clarté.

> *« Ce qui est en haut est comme ce qui est en bas. Ce qui est à l'intérieur est comme ce qui est à l'extérieur. » — Hermès Trismégiste*

Quelle image est la noix et quelle image est le cerveau ?

 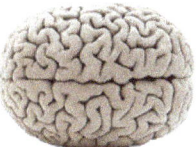

L'empreinte digitale et le tronc d'un arbre se ressemblent un peu...

Vu d'en haut, une rivière dessine nos veines...

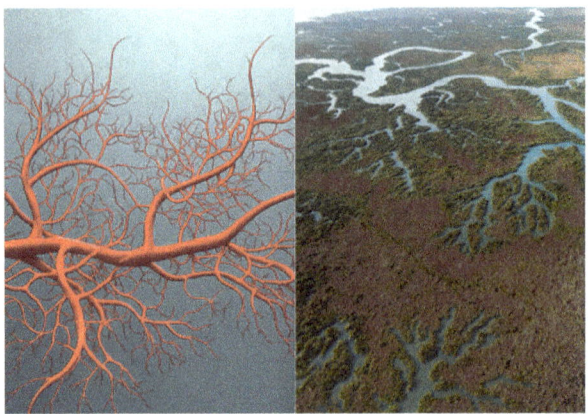

Voyez-vous une galaxie ou un œil humain ?

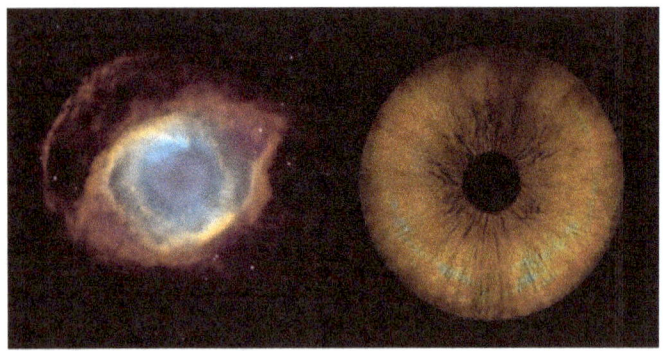

*Nébuleuse de l'Hélice et œil humain*

La naissance d'une cellule rappelle la naissance d'une étoile colossale.

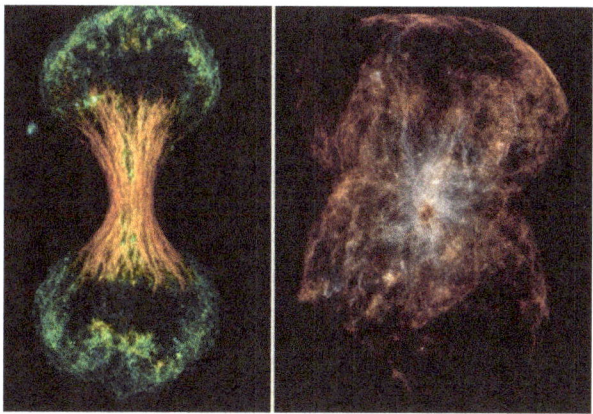

Les cellules du cerveau semblent identiques à l'image agrandie de l'univers.

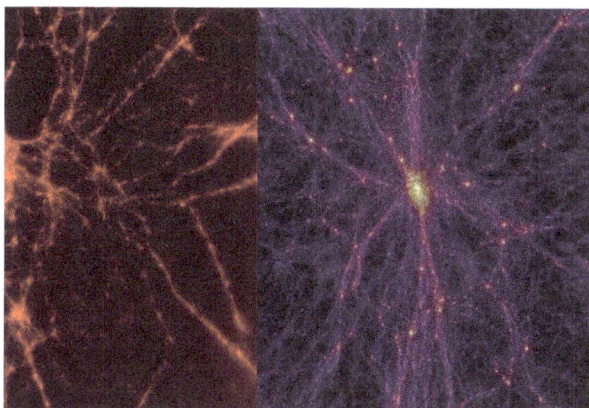

Un poumon ou une branche d'arbre ? Les deux.

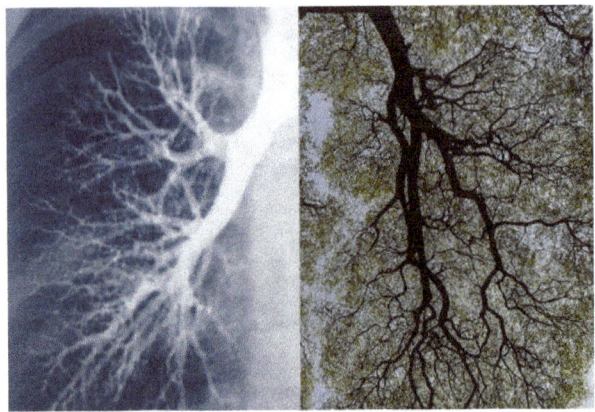

Notre système nerveux a le même schéma qu'un éclair.

C'est là que réside la véritable folie : comprendre que **nous sommes Tout ce qui existe**. Cette révélation n'a pas besoin d'explication, il suffit de s'émerveiller, de fermer les yeux et de se souvenir de l'Origine. La même Origine qu'une feuille, un éclair, un arbre, les étoiles que vous voyez dans le ciel et toute personne qui habite la Terre.

*« Dieu a tout conçu selon la même géométrie... il vous
a donc également conçu selon ce même modèle. »*

Regardez ce qui suit :

Je vais vous expliquer.

Dans la colonne de gauche : **la Fleur de Vie**. Ce que vous voyez ici est l'évolution de la Fleur de Vie. Ce symbole ancien est présent dans diverses cultures à travers l'histoire, représentant l'interconnexion de la vie et la création de l'univers. On le trouve dans des lieux tels que le temple d'Osiris à Abydos, en Égypte, et il apparaît également dans l'art celtique, chinois, romain et dans les manuscrits médiévaux.

Cette colonne montre comment l'énergie s'organise en motifs universels. Tout commence par l'unité... et à partir de là, la vie se multiplie selon une mathématique parfaite.

Dans la colonne centrale : **l'univers reflété.**

Chaque galaxie, nébuleuse ou explosion stellaire reproduit ces mêmes formes. Peu importe l'échelle : ce que nous voyons là-bas est identique à ce qui vibre dans le plan invisible. C'est la preuve visuelle que l'univers entier répond à un dessein.

Dans la colonne de droite : **vous, depuis le début.**

La cellule humaine, dès son premier instant, suit le même schéma. Ce que fait une étoile en se dilatant, votre corps le fait lorsqu'il commence à exister.

Nous sommes faits de la même géométrie qui crée les mondes. Non par hasard, mais parce que *nous faisons partie du même Tout.*

> *« Vous n'êtes pas séparé du Tout. Vous êtes une réplique fonctionnelle et consciente de la même Source qui crée tout ».*

Alors, qui est derrière tout ce que vous vibrez, ressentez et vous souvenez ? Qui a conçu une réalité dans laquelle un mot, un symbole ou une pensée peuvent façonner la matière ?

Il est naturel que cette question se pose. Mais attention.

Car c'est là que nous nous heurtons au plus grand mirage de tous : croire que Dieu est quelqu'un qu'il faut atteindre, définir ou trouver.

Et lorsque nous commençons à voir cela clairement, l'une des questions les plus puissantes que nous nous soyons posées en tant qu'espèce apparaît :

## QUI EST DIEU ET OÙ EST-IL ?

« Dieu n'est pas un lieu où l'on arrive. C'est le code qui se répète dans tout ce qui est déjà. »

Le simple fait de demander « qui est Dieu » suppose déjà une séparation. Le mot « qui » part de l'idée que Dieu est un sujet individuel, quelque chose d'extérieur, quelque chose que l'on peut désigner et définir. Mais Dieu n'est ni un objet ni une figure concrè . Dieu est le Tout. On ne le trouve pas. On le reconnaît.

Néanmoins, nous utilisons des symboles pour nous rapprocher de cette vérité, car l'esprit a besoin d'images. L'un des plus utilisés a été la Trinité : **le Père, le Fils et le Saint-Esprit**.

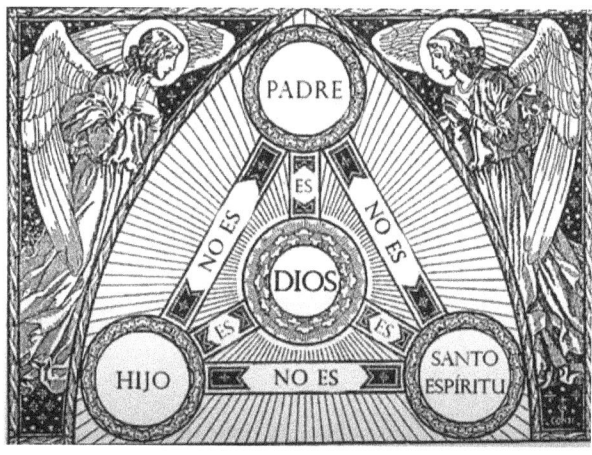

Ne la considérez pas comme un dogme. Regardez ce qu'elle représente :

**Le Père** est **l'Esprit supérieur** : la partie la plus élevée de votre intelligence, celle qui guide sans imposer, structure sans contrôler et observe sans juger.

**Le Fils** est le **Corps** : la forme physique à travers laquelle vous incarnez, apprenez, interagissez et manifestez votre chemin dans cette dimension.

**Le Saint-Esprit** est le **Champ Subtil** : ce qui ne se voit pas, mais qui soutient tout. C'est la vibration qui vous relie à l'invisible, à la Source, à l'éternel.

Ce ne sont pas des entités séparées ni quelque chose à adorer : ce sont des aspects de vous-même, des reflets d'un même centre.

Lorsque votre esprit est aligné avec la vérité, que votre corps habite le présent et que votre esprit est en connexion, Dieu est là. Non pas comme quelque chose d'extérieur, mais comme ce qui est déjà.

Alors, où est Dieu ? Au même endroit où vous êtes maintenant. À l'intérieur et à l'extérieur. Dans votre respiration, dans votre regard, dans chaque atome qui compose votre corps et dans chaque galaxie qui brille dans le ciel. Il n'est pas caché, il s'exprime en tout. Et lorsque vous cessez de le chercher comme un endroit où aller, vous le reconnaissez à chaque instant.

La vraie question n'est pas « qui est Dieu ? », mais :

« Êtes-vous prêt à reconnaître qu'il n'y a pas de séparation entre Dieu et vous ? »

Tout ce qui ne vibre pas avec cette certitude... n'est pas réel. Ce n'est qu'une illusion projetée par l'esprit qui oublie son origine.

## LE MONDE DE DIEU EST LE SEUL RÉEL

« Je ne crois pas parce que je vois. Je vois parce que je crois en Lui. »

Après avoir parcouru de nombreux ouvrages spirituels, j'ai compris qu'il ne s'agit pas de choisir entre une chose ou une autre. Croire que oui ne fait que perpétuer la séparation. Et chaque fois que nous nous séparons, nous oublions. Le monde des formes est illusoire. Celui de Dieu ne l'est pas. Dieu n'est pas divisé. Dieu est Un. Et dans cet Un, tout est contenu.

Le Père, le Fils et le Saint-Esprit ne sont pas des figures hiérarchiques. Ce sont des portes vers une même essence. Des manifestations différentes d'une même énergie opérant en même temps. C'est pourquoi nous pouvons les voir : parce qu'elles sont actives. Parce qu'elles sont en nous.

La vie sur Terre est, au fond, un jeu de séparation. Nous sommes venus oublier l'Unité afin de pouvoir nous en souvenir à partir de l'expérience. Il ne s'agit pas de s'accrocher à l'extérieur, mais de se rappeler que nous n'avons jamais été séparés de l' . Seule cette reconnaissance peut apporter la paix que nous avons tant recherchée à l'extérieur.

Si vous voulez ressentir Dieu, ne cherchez pas plus loin. Allez au plus profond de vous-même. Ou contemplez l'immensité de l'univers. Aux deux extrêmes, vous trouverez la même chose : un reflet exact de ce que vous êtes déjà. Tout a été créé à votre image et à votre ressemblance. Il vous suffit d'observer, de toucher, d'écouter et de ressentir la vie avec présence. C'est ainsi que vous retrouverez la vérité qui a toujours été en vous.

L'être humain a la capacité de s'interroger sur l'incompréhensible. Et souvent, il tente d'atteindre Dieu par le biais de son ego. Mais cela ne fonctionne jamais. L'esprit qui se croit séparé ne peut s'unir, car il imagine toujours qu'il doit « aller » quelque part. Or, il n'y a nulle part où aller. Tout est ici. Tout est maintenant. Et cette reconnaissance est en soi le monde de Dieu.

## JE SUIS DIEU, VOUS ÊTES DIEU

Vous n'avez pas besoin de partir à la recherche de Dieu. Vous êtes Dieu. Mais il n'est même pas nécessaire de vous embrouiller en croyant que « vous êtes un Dieu ». *Vous êtes* simplement. Vous pensez peut-être : « nous le sommes tous ». Mais même ce « tous » n'est qu'une idée. Il n'y a pas de « tous » en . Il n'y a que vous qui vous considérez comme faisant partie du Tout.

J'étais sur le point de vous dire de ne pas me croire. Mais si je le faisais, je créerais déjà une autre idée. Et vous êtes déjà en train de créer tout cela à travers vos pensées. Personne ne peut rien y faire, sauf vous.

Allons plus loin. Suivez-moi dans mon raisonnement.

Vous vous demandez peut-être : « Si Dieu peut tout faire, peut-il créer une pierre si lourde que même lui ne peut la soulever ? »

À première vue, cela semble être un piège logique :

— S'il peut la créer mais ne peut la soulever, il n'est pas tout-puissant.

— Et s'il ne peut pas la créer, il ne l'est pas non plus.

Je vous répondrais : que feriez-vous si vous aviez ce pouvoir ?

Car tout tourne autour de vous. De ce que vous feriez, de ce que vous choisiriez, de ce que vous décideriez d'expérimenter. Cette question n'élargit pas l'esprit, elle le trouble. Car la seule chose qui importe n'est pas de savoir si Dieu le peut, mais ce que vous choisissez.

Le paradoxe ne révèle pas une faille en Dieu, mais dans la manière humaine de raisonner. Nous essayons de mesurer l'infini avec une règle finie d' . Nous prétendons que l'absolu se contredit dans les limites inventées par un esprit limité.

Quelle expérience choisiriez-vous de créer si vous étiez Dieu ? Un monde sans erreurs, sans chaos, où tout serait parfait et sous contrôle ? Ou un monde libre, où existerait la possibilité du mal, de la douleur, de l'oubli, de la confusion... mais aussi du souvenir, de l'éveil et de l'amour conscient ?

Car c'est ce que nous avons actuellement : un monde où nous pouvons choisir. Et tout ce que vous voyez est créé par vous. Même ce que vous rejetez.

Quand quelqu'un demande « pourquoi Dieu permet-il le mal ? », il oublie que ce Dieu... c'est vous. C'est vous qui interprétez le bien et le mal. On nous a programmés pour craindre la mort et étiqueter la vie. Mais n'est-il pas nécessaire de mourir pour renaître ?

Nous sommes tellement absorbés par ce que « nous devons faire » que nous en oublions l'essentiel : nous ne savons même pas comment nous allons nous réveiller demain. Et pourtant, nous nous réveillons. Comment cela se fait-il ? Vous ne le savez pas. Il en a été de même le jour de votre naissance. À l'exception de quelques souvenirs exceptionnels ou de régressions, 99,9 % des gens ne se souviennent pas comment ils sont arrivés ici.

C'est là une information véridique : ce n'est pas que nous soyons déconnectés, c'est que nous sommes trop connectés à la confusion. La seule vérité est que vous ne savez pas, et que vous ne le saurez peut-être jamais. Et c'est là toute la grâce.

La vie est un jeu constant, et vous y jouez comme vous le souhaitez. Certains vous jugeront, d'autres s'inspireront de vous, d'autres encore vous attaqueront. Qu'importe ? C'est votre vie, c'est votre vérité, ce sont vos croyances. L'objectif premier n'est pas de nous tromper ou de nous raconter des histoires de victime, mais de prendre les choses en main une fois pour toutes.

**Voyez les choses ainsi :**

*Il était une fois une âme qui s'est réveillée dans un immense jeu. Elle ne savait pas que c'était un jeu. Elle vivait, obéissait, répétait. Mais quelque chose en elle a commencé à poser des questions. Des questions dérangeantes. Des questions importantes.*

*Avec le temps, cette âme a commencé à voir des schémas. De petits signes dans le bruit. Des coïncidences trop nombreuses pour être le fruit du hasard. Chaque pas la rapprochait d'une intuition profonde : tout cela avait un sens. Une logique. Un langage caché.*

*Elle a donc commencé à explorer son corps, son esprit, l'univers, la vie entière. C'était comme si chaque recoin recelait des indices laissés par un Créateur aimant qui n'imposait rien, mais permettait tout.*

*Et juste au moment où elle pensait avoir compris comment fonctionnait le jeu, elle se heurta à la question la plus difficile :*

***Et si, pour voir Dieu, je devais cesser de ne regarder que moi-même ?***

*C'est alors qu'il comprit la clé : pour voir Dieu, il devait d'abord apprendre à être humain. Avec tout ce que cela implique. Avec la lumière et l'ombre. Avec la chair et l'esprit. Avec la présence.*

*Ce n'est qu'ainsi, en incarnant l'expérience complète, que l'âme devenait le miroir du Créateur.*

Et le jeu, enfin, avait un sens.

# LA VÉRITÉ FINALE

Pendant que j'écrivais ce livre, j'ai noté dans mon carnet que je souhaitais que d'autres puissent le lire, car il me procurait une joie pure et presque enfantine en découvrant l'immensité et la folie du monde dans lequel nous vivons. Une folie dans le meilleur sens du terme... celle qui secoue, interrompt le pilote automatique et nous oblige à repenser qui nous sommes et pourquoi nous sommes ici. Je vous suis donc reconnaissant d'être arrivé à cette partie de cet ouvrage.

Ce monde est fantastique. Il n'est pas parfait dans l'esprit, mais il l'est dans l'âme. Et j'espère que maintenant que vous avez fini de lire ce livre, vous pouvez le ressentir ainsi vous aussi.

Dans ce jeu qu'on appelle la vie, l'important n'est pas de gagner, ni de passer à autre chose, ni de craindre de perdre, mais simplement de jouer avec présence, avec dévouement... et avec amour.

Vous êtes un personnage, oui, mais vous êtes aussi le scénariste, le réalisateur et le spectateur de ce film. Nous le sommes tous. Seulement, parfois, nous prenons cela tellement au sérieux que nous en oublions de rire.

On dit que la vérité nous rendra libres... mais au début, elle va probablement nous mettre mal à l'aise. Je suis conscient que certains chapitres peuvent susciter la controverse, des questions ou même de la colère. Peu importe. Rappelez-vous simplement ceci : votre liberté ne dépend pas de l'endroit où vous vous trouvez ni des personnes qui vous entourent, mais de la façon dont vous choisissez de voir les choses. Ce sont les lunettes que vous choisissez de porter qui détermineront comment vous vivrez votre propre partie.

Dans un monde causal, prenez en charge la cause et aimez les effets, quels qu'ils soient. Et après avoir joué un bon moment dans le monde de la cause et de l'effet, je vous invite à aller plus loin : à voir la vie comme un tissu de synchronicités parfaites. Parce qu'au bout du compte, vous le savez : Dieu ne joue pas aux dés. C'est pourquoi vous avez lu ce livre. C'est pourquoi je l'ai écrit.

# NOUS NE SOMMES PAS SÉPARÉS

Vous n'êtes séparé de rien du tout.

Pendant des années, on nous a fait croire le contraire. On nous a appris à voir la séparation, le conflit et la division. À penser que l'autre est un « autre », que l'extérieur n'a aucun rapport avec nous. Et ainsi, nous avons oublié la vérité fondamentale : *tout est connecté*.

L'esprit influence directement tout ce qui existe. Le corps n'est pas « vous », c'est une extension de vous-même. Ce livre que vous tenez entre vos mains l'est aussi. Les mots ne sont pas à l'extérieur : ils naissent dans votre esprit. Et moi, qui ai écrit ceci, je n'existe que parce que vous croyez que j'existe.

C'est ainsi que cela fonctionne. Ce serait facile à comprendre si c'était la vérité avec laquelle nous prenions notre petit-déjeuner, notre déjeuner et notre dîner chaque jour.

Mais on nous a dit autre chose.

On nous a dit que nous sommes finis, que nous sommes séparés, que nous sommes ce corps, cette histoire, cette vie qui nous « est revenue ».

Mais nous ne sommes pas cela. Nous sommes bien plus que cela.

Et ce n'est pas une phrase poétique. Ce n'est pas un jeu de mots. C'est une évidence. Il suffit de relier les points. C'est la vérité fondamentale. Celle qui soutient tout.

La même qui fait qu'un jour, vous vous réveillez avec le coude enflé et comprenez que la solution n'est pas un comprimé, mais de finir d'écrire un livre. Parce que le corps parle. La vie répond. Et le symptôme n'est pas un problème : c'est toujours un message.

Personne ne peut vous dire comment vivre. On peut émettre des diagnostics, des suggestions ou des opinions, mais le pronostic dépendra toujours de vous.

*« La vie n'est pas telle qu'elle est. La vie est telle que nous sommes ».*

Nous créons à l'image et à la ressemblance de ce que nous avons en tête. Nous ne faisons qu'un avec Dieu parce qu'Il ne fait qu'un avec no . Il est partout : en haut, en bas, à l'intérieur, à l'extérieur. Il n'y a pas de séparation.

Le langage nous sert à essayer de comprendre, mais nous n'avons même pas besoin de mots pour savoir cela. Au fond, nous le savons déjà.

Seulement, nous nous racontons une histoire. Une histoire utile, peut-être nécessaire. Mais cette histoire a déjà fait son temps.

Nous vivons le début d'une nouvelle ère de conscience. Dans cette ère, la Vérité ne se cache pas et n'attend pas : elle se montre dès que quelqu'un la reconnaît. Et plus on avance, plus les ombres émergent ; plus on brille, plus les insectes sont attirés par la lumière. Mais souvenez-vous : l'ombre n'apparaît pas pour vous arrêter, mais pour confirmer qu'il y a déjà de la lumière. La voir est le signe que vous pouvez l'éclairer. Et en l'éclairant, elle cesse d'être une ombre.

Ce message final n'est pas une conclusion. C'est une pause. Une pause initiale.

Une simple invitation : chaque fois que vous voyez quelque chose « à l'extérieur » — dans votre corps, chez une autre personne, dans votre maison, chez votre partenaire, chez votre animal de compagnie ou dans le monde — posez-vous une seule question :

*Qu'avez-vous à gagner à croire cela ? Qu'avez-vous à gagner à créer cette réalité ?*

Car votre réalité n'est pas la même que celle d'une personne en Chine. Ni celle d'une personne au Venezuela. Et pourtant, tout provient de la même Source.

Tout ce que vous croyez se manifeste.

Et cela vous ramène au centre de votre pouvoir. Ce pouvoir qui a peut-être été manipulé, supprimé ou brouillé…

Mais que vous n'avez plus besoin de céder.

Il n'est plus nécessaire de continuer à chercher Dieu à l'extérieur.

Il n'est plus nécessaire de mener une vie basée uniquement sur le pragmatisme.

Il n'est plus nécessaire d'agir par peur.

Dieu est en vous.

Dans une fleur.

Dans le ciel.

Dans votre corps.

Dans vos pensées.

Pensez-vous avec Dieu ou sans Lui ? Il n'y a pas d'autre possibilité.

L'histoire selon laquelle le diable peut diriger votre vie n'est pas vraie. La seule chose qui peut arriver, c'est que vous négligiez vos pensées. Mais s'éloigner de Dieu n'est pas possible. Si vous êtes en vie, c'est parce que Dieu existe.

Alors... peut-être que tout est question de gratitude.

Merci d'avoir lu ce livre.

Merci de le tenir entre vos mains.

Merci de vous permettre de le recevoir.

Merci à celui qui vous l'a offert.

Merci de vous être rappelé à vous-même à travers ces mots.

*Merci de m'avoir créé.*

*Je suis vous.*

*Et ce livre...*

*n'était que l'écho*

*de votre propre appel.*

*Peut-être que Dieu n'est pas une réponse,*

*mais la question même qui respire.*

Je vous embrasse dans la mémoire de l'éternel. Que l'amour vous accompagne toujours et que la paix illumine vos jours.

# LE CHEMIN NE S'ARRÊTE PAS ICI

Si ce livre a éveillé quelque chose en vous, ne vous arrêtez pas là. Chaque mot a été semé dans l'intention d'éveiller, mais la véritable transformation commence lorsque cette graine se propage au-delà de la page.

J'ai créé un espace appelé Escuela Disruptiva (École disruptive), où j'accompagne ceux qui souhaitent intégrer cet éveil dans leur vie pratique : sortir du système, mettre de l'ordre dans leur être et construire une réalité avec un but et une liberté. J'y partage des enseignements directs et des mentorats en direct pour ceux qui sont prêts à passer à l'étape suivante.

Et si vous ressentez l'appel non seulement de transformer votre vie, mais aussi de partager cette Vérité avec d'autres, il est possible de devenir un Semeur de Conscience. Cela signifie que vous pourrez recommander ce message au monde et, ce faisant, recevoir également l' u la prospérité. Car lorsque l'on sème l'expansion, la vie nous le rend au centuple.

Le chemin continue. Le choix vous appartient désormais.

Pour en savoir plus sur la manière dont vous pouvez faire partie de l'École ou des Semeurs, scannez le code QR ci-dessous :

# AUTRES LIVRES DE L'AUTEUR

Chaque ouvrage que j'ai écrit n'est pas seulement un livre : c'est un portail vers une nouvelle couche de votre vérité. Voici leurs titres, cherchez celui qui résonne avec vous en ce moment. Pour voir d'autres titres, rendez-vous sur disruptiveacademy.com

**Découvrez le principe unique**

Lorsque tout s'écroule à l'extérieur, il ne reste plus qu'à regarder à l'intérieur. Ce livre ne promet pas de formules : il vous confronte à la racine. « Connaissez le principe unique » est le guide qui vous aide à vous souvenir de qui vous êtes lorsqu'il n'y a plus de masques à porter.

**Calme**

La seule façon d'entrer en contact avec votre âme. Une œuvre simple mais profonde, pour renouer avec l'essentiel : le silence intérieur et la paix absolue de la création.

**Le vrai sens de la vie**

Un voyage vers la compréhension profonde de la raison pour laquelle vous êtes ici, de ce que vous êtes venu accomplir et de la manière de vous souvenir de votre mission.

**Le pouvoir du 60·90·60**

Le corps n'est pas un ennemi à corriger, mais un temple à honorer. Ce livre révèle la formule qui allie discipline, présence et détermination pour éveiller votre puissance physique, mentale et spirituelle.

**L'Évangile des riches**

Un livre qui déprogramme la pénurie, révèle les coulisses du système financier et active en vous la fréquence qui attire l'argent, non pas par l'effort, mais par la vérité.

**Satseupser**

Les questions que vous vous êtes toujours posées trouvent enfin une réponse. Un livre pour ceux qui recherchent le plus profond : qu'est-ce que le néant ? Qui sommes-nous ? Le temps est-il réel ? La Lune est-elle un satellite naturel ? D'où venons-nous ?

# MATÉRIEL COMPLÉMENTAIRE POUR VOTRE DÉVELOPPEMENT

Pour approfondir cet ouvrage et poursuivre votre développement, nous avons préparé un espace numérique exclusif avec du matériel complémentaire. Vous y trouverez des ressources vivantes : des livres connexes et des outils pratiques, mais aussi des contenus audiovisuels, des formations et des expériences guidées qui complètent ce que vous avez appris dans ces pages.

1. Scannez le code QR.
2. Créez votre compte gratuit sur Disruptive Academy.
3. Une fois connecté, utilisez le **code 222** et découvrez les ressources mises à votre disposition.

*(L'accès est personnel et peut être mis à jour avec de nouveaux contenus en fonction de l'évolution de chaque ouvrage.)*